Kleinen/Klüppelholz/Lugert Folklore

G. Baumann

Günter Kleinen/Werner Klüppelholz/
Wulf Dieter Lugert (Hrsg.)

Folklore

Musikunterricht Sekundarstufen

Schwann Düsseldorf

CIP-Kurztitelaufnahme der Deutschen Bibliothek
Musikunterricht Sekundarstufen / Günter Kleinen . . .
(Hrsg.). – Ausg. in Kassette. – Düsseldorf:
Schwann
ISBN 3-590-14845-4
NE: Kleinen, Günter [Hrsg.]
Folklore. – 1. Aufl. – 1985
ISBN 3-590-14844-6

Musikunterricht Sekundarstufen / Günter Kleinen . . .
(Hrsg.). – Düsseldorf:
Schwann
NE: Kleinen, Günter [Hrsg.]
Folklore. – 1. Aufl. – 1985
ISBN 3-590-14844-6

1. Auflage 1985
Satz: Bercker, Kevelaer
Druck und Verarbeitung: Boss-Druck, Kleve
ISBN 3-590-14844-6

Inhalt

Vorwort

Das *Handbuch Musikunterricht Sekundarstufen* ist in erster Linie für Lehrer an allgemeinbildenden Schulen gedacht, die für ihren Unterricht nach brauchbaren Materialien und methodisch-didaktischen Hilfestellungen suchen.
Das *Handbuch Musikunterricht Sekundarstufen* ist nicht auf Vollständigkeit in bezug auf die Vielfalt musikalischer Erscheinungsformen angelegt. Absicht der Herausgeber war vielmehr, Gegenstandsbereiche darzustellen, die in der bisherigen musikpädagogischen Literatur vernachlässigt wurden. Gerade aus der didaktischen Position eines an der musikalischen Wirklichkeit orientierten Unterrichts, der sich in den letzten Jahren zunehmend durchgesetzt hat, ergibt sich an diesen Gegenstandsbereichen ein verstärktes Interesse.
Fünf Themenfelder wurden deshalb aus dem Spektrum gegenwärtiger Musik ausgewählt und in fünf handlichen Bänden aufbereitet:

- Musik im Alltag
- Neue Musik/Neues Musiktheater
- Popmusik und Schlager
- Rockmusik
- Folklore (Volksmusik)

Jenseits der überkommenen und wohl auch überholten ideologisch bedingten Schranken zwischen U- und E-Musik, „Kunst“ und „Trivialität“, ästhetischem Anspruch und Volkstümlichkeit, historischer Tradition und Erscheinung des Neuen stellen sich die Herausgeber und Autoren vor allem den Problemen der Vermittlung. Diese bestehen darin, ausgehend von den individuellen, subjektbedingten Rezeptionsbedingungen und -chancen Annäherungen an die in sich und untereinander differenzierten musikalischen Objektbereiche zu ermöglichen. Berücksichtigt wurde dabei, daß diese Probleme methodisch erst auf der Basis der Kenntnis der objektiven Gestalt des Gegenstands *sowie* der objektiven wie subjektiven Rezeptionsbedingungen zu lösen sind.
Daß die Titel der einzelnen Bände plakativen Charakter haben und unterschiedlicher Differenzierung und Problematisierung bedürfen, versteht sich bei ihrer Allgemeinheit von selbst. Die Zusammensetzung der Autorenteams ist keineswegs homogen. Unterschiedliche fachliche und fachdidaktische Ansätze kommen zum Tragen, eine Glättung ist von den Herausgebern mit Absicht vor allem dort nicht angestrebt worden, wo ein allgemeiner Konsens noch nicht besteht.
Konzeptionell liegt dem Handbuch die folgende didaktische Grundposition zugrunde:

- Die gesellschaftliche Realität des musikalischen Alltags der Schüler wie Lehrer muß entscheidende Auswirkungen auf die Inhalte des Faches Musik haben. Wo dies in den ministeriellen Vorgaben noch nicht berücksichtigt ist, müssen Lehrer die Freiheitsräume zu nutzen versuchen, die ihnen in der Realität des Unterrichtsalltags immer noch bleiben.
- Musikunterricht dient nicht der unbefragten Tradierung oder gar normativen Durchsetzung der historischen oder gegenwärtigen Musik bestimmter Sozialschichten

oder deren ästhetischem Wertsystem. Vielmehr soll er kompetente Teilhabe an Musikkultur dadurch ermöglichen, daß jede Art von Musik in ihrem historischen, geografischen, gesellschaftlichen und individuellen Bezug dargestellt wird. Das immer noch vieldiskutierte „Wertproblem" löst sich dadurch weitgehend auf, da sich daraus auch die Kriterien der Bewertung und Betrachtung bezüglich der Angemessenheit der Organisation des musikalischen Materials ergeben.

- Neben der Aufarbeitung des musikalischen Alltags der Schüler sind neue und auf erweiterte Umgangsmöglichkeiten mit Musik zielende Erfahrungen anzustreben. Das intendierte Lernen durch Musikunterricht sollte auch von den Schülern als sinnvoll empfunden und, soweit dies ihre Vorerfahrungen ermöglichen, von ihnen mit geplant werden.
- Musikunterricht unterscheidet sich von fast allen anderen Unterrichtsfächern durch die besondere Qualität seines Gegenstandes, die nicht „erlernt" werden kann im Sinne „operationalisierter" Lernziele. Das, was der Musikunterricht letzlich intendiert, die individuelle Nutzung der Vielfalt von Funktionen, die Musik für das menschliche Leben haben kann, läßt sich daher nicht erzwingen und auch nicht abprüfen, vielmehr ist sie das Ergebnis eines langwierigen Annäherungsprozesses, der sich über Jahre, wenn nicht sogar über lange Lebenszeitabschnitte hinziehen kann.

Die Einzelbeiträge des Handbuchs sind insbesondere auch in den Punkten der inhaltlichen Auswahl und den Vorschlägen zur Unterrichtsmethodik für die Situation der Sekundarstufe I formuliert worden, sie dürften in der Regel aber auch eine brauchbare Grundlage für den Musikunterricht in der Sekundarstufe II abgeben.

Die Herausgeber

Einleitung: Didaktische Struktur und Zielsetzungen

Günter Kleinen

Wenn es so etwas wie eine didaktische Struktur des Gegenstandes Musikfolklore gibt, dann gehen in sie wertende Setzungen und nach Wichtigkeit auswählende Positionen des Unterrichtenden ein. Bei vielen Lehrern beschränkt sich die didaktische Überlegung auf die Liedauswahl, allenfalls ergänzt durch Reflexionen zur Methode. Dies ist aber dem Gegenstand nicht in vollem Umfang angemessen und verschenkt pädagogisch lohnende, erzieherisch wichtige Unterrichtselemente. Folgende Punkte könnten je nach Beispiel unterschiedlich gewichtet in den Horizont des Unterrichts rücken:

- soziale, historische und politische Voraussetzungen der Volksmusik,
- regionale Bindung und globale Verbreitung,
- Folklore-Instrumente und musikalische Strukturen,
- Aussagen der Lieder über menschliche Befindlichkeiten,
- Annäherung der Volksmusik aus vorindustrieller Zeit an die Gegenwart,
- Veränderungen der Folklore durch ökonomische Verwertung,
- pädagogischer Gebrauch und Mißbrauch.

Die Musikfolklore ist heute eher erfahrbar in Form einer buntscheckigen, in vielen Lebensbereichen aufflackernden Musikszene als in Gestalt eines wissenschaftlich exakt erfaßten Terrains. Dies ist zum einen in der Sache selbst begründet, die bei der Berührung mit Wissenschaft zum Fossil zu erstarren droht, zum anderen aber in den Wissenschaften, deren Gegenstand die Musikfolklore ist. Sowohl Ethnomusikologie als auch Volkskunde haben erst in jüngerer Zeit selbst auferlegte Begrenzungen und überholte ideologische Fixierungen abgestreift und das weite Spektrum an musikalischen Erscheinungsformen und der sozialen Funktionen aufzuarbeiten versucht.

In diesem Band wird ein Akzent weniger auf die theoretische Seite gelegt; vielmehr sollen praktische Aneignungen und ein musikalisches Lernen am Gegenstand Musikfolklore im Mittelpunkt stehen, was angesichts der Tatsache gerechtfertigt erscheint, daß Folklore mit Abstand die am häufigsten von Schülern selbst gemachte Musik darstellt.

Im Überblick wird die Musikfolklore einiger ausgewählter Regionen Europas sowie Süd- und Nordamerikas dargestellt. Bei der Fülle des Materials muß an Beispielen gearbeitet werden, für die hier noch nicht einmal ein Anspruch auf regionale Repräsentativität erhoben werden kann. Notwendige Ergänzung und pädagogische Chance bietet in diesem Zusammenhang die Musik der ausländischen Kinder, die in der Bundesrepublik leben.

Begriffliche Klärungen sollen zu einem sachangemessenen Umgang mit diesem Musikbereich befähigen. Dabei ist eine Differenzierung der Existenzweisen der Musikfolklore (authentische Folklore, Unterhaltungsfolklore, pädagogische Existenz) unumgänglich.

Musikalische Folklore wird begrifflich so weit entfaltet, daß der Begriff der heutigen, insbesondere durch das Medium Schallplatte geprägten Musikszene gerecht wird. Auf

jeden Fall soll vermieden werden, daß die musikalische Folklore dadurch in einen künstlich geschaffenen Schonraum verschoben wird, daß sie auf vorindustrielle Zeiten und Zustände beschränkt bleibt.
Ebenso dürfte eine einseitige Befassung mit Liedern „demokratischen Charakters“ der Fülle der Phänomene nicht gerecht werden; auch sie wäre wirklichkeitsfremd. Daher ist die in den Regionen und Ländern zu beobachtende Differenzierung der internationalen Musikszene als Ausgangspunkt gewählt.
Die einzelnen Regionen werden anhand der jeweiligen Funktionen der Musikfolklore für die sie tragenden ethnischen und sozialen Gruppen, der Musiziergewohnheiten, der Instrumente, einzelner Liedtexte und Melodien, musikalischer Stilmerkmale, der Interaktionen zwischen Musikausführenden und Zuhörern usw. beschrieben.
Der Überblick ist notwendigerweise kursorisch, will aber als Einstieg verstanden werden, der entsprechend den individuellen Neigungen und auch musikalischen Fähigkeiten und Fertigkeiten fortentwickelt werden kann.
Leitender Gesichtspunkt ist die Frage: Wieweit kann die in- und ausländische Folklore unser eigenes Musizieren und unsere Kenntnisse der Musik bereichern, entwickeln helfen? Ein kritisch-produktives Verhältnis zur der Musik der eigenen und anderer ethnischer und sozialer Gruppen ist gefordert.
Für die praktischen Vorschläge zum Musikmachen werden Konsequenzen gezogen aus dem Musiklernen, das bei jugendlichen Folk- und Popgruppen zu beobachten ist: Diese hören Schallplatten ab und spielen die Aufnahmen entsprechend ihren Möglichkeiten nach. Das Musikmachen wird dadurch zugleich eine permanente Hörübung.
Mit der musikpraktischen Arbeit sind mehrere Lernintentionen verbunden: Erweiterung instrumentaler Fertigkeiten, Zusammenspiel in der Gruppe, Auswahl von Liedmaterial, Sammeln von Informationen über Lieder, Erweiterung des Instrumentariums, Erprobung von Arrangements in der jeweils gegebenen instrumentalen Zusammensetzung, Adaptierung der folkloristischen Musik für eigenes Befinden, für die Kommunikation in der Gruppe und mit anderen, wobei über die Musik bestimmte Anliegen zur Sprache gebracht werden können.
Mit dem Beitrag von Dieter Lugert wird die enge Nachbarschaft zwischen der von den Jugendlichen praktizierten Folk-Musik und der Rockmusik hervorgehoben. Dieser Zusammenhang hat eine sachliche Grundlage in der Traditionslinie, die von der Volksmusik der aus England und Irland stammenden nordamerikanischen Einwanderer über mehrere Revivals bis hin zur Rockmusik führt.
Schließlich kann die Volksmusik der bei uns lebenden ausländischen Arbeiterfamilien einen wichtigen Stellenwert im Unterricht erhalten. Dem versucht der Beitrag von Irmgard Merkt über Musikunterricht mit ausländischen Kindern Rechnung zu tragen. Im Schwerpunkt geht es um türkische Volksmusik, die einen wichtigen Stellenwert für die kulturelle Identität der betroffenen Menschen haben kann.
Wichtige Ziele eines Musikunterrichts mit und über Musikfolklore seien hier angerissen:

- nicht Volksmusikpflege wie in einem Heimatverein, das geht nicht wegen des fehlenden Lebenszusammenhangs;
- nicht die Volksmusik als etwas Idealisiertes, Gutes, Wahres, Schönes darstellen, die besser ist als alle zeitgemäßen musikalischen Ausdrucksformen, sie ragt aus vorindustriellen Zeiten in die Gegenwart hinein;
- aber warum nicht immer wieder neu aneignen, sich anverwandeln und dabei erfahren, welche musikalischen Möglichkeiten, welche musikalische Imagination, welche direkte künstlerische Verfügung jedem möglich ist;
- warum nicht an der Volksmusik Einsichten in musikalische Gestaltung, musikali-

schen Ausdruck, musikalische Sprachweise, Ausdruck individueller Befindlichkeit, Kristallisationspunkt von Gruppenprozessen erfahren;

- warum nicht die Volksmusik als Repertoire, Reservoir wünschenswerter künstlerischer individueller und sozialer Gestaltungen nutzen;
- warum nicht Notenlehre, warum nicht Umsetzung von Musik in Bewegung und Tanz, warum nicht Rhythmus und Form, Melodie und einfache Harmonik an Beispielen der Volksmusik, *auch* an Beispielen der Volksmusik beibringen;
- aber gewiß sind kritische Momente unumgänglich, schon allein, um Volksmusik nicht als kulturindustriellen Eintopf, sondern in ihrer regionalen, sprachlichen, musikalischen, tänzerischen, sozialen und individuellen Differenzierung zu haben und in Besitz zu nehmen;
- historische Bezüge sind notwendig, um nicht einem ahistorischen Ideal- und Trugbild aufzusitzen, um die Lebendigkeit der Volksmusik über politischen und Zeitenwechsel hinweg zu sehen; historische Bezüge sind notwendig, um Entwicklungslinien zur Kunstmusik wahrzunehmen; historische Bezüge sind notwendig, um Mißbrauch vorzubeugen;
- die Art des Umgangs ist zentral, um eine eigene kulturelle Identität finden zu können.

Musikfolklore

Günter Kleinen

I. Begriffsbestimmung

In diesem Band wird zwischen Volkslied bzw. Volksmusik und musikalischer Folklore *nicht* unterschieden. Dem Begriff Folklore wird allerdings Vorrang eingeräumt, weil er historisch unvorbelastet ist, den Horizont zu den Volksmusiken einer Vielzahl von Ländern rund um die Erde offenhält und als relativ zeitgemäß auch die mediale Existenz der Volksmusik speziell auf Schallplatten von vornherein einbezieht. Aber gegenwärtig ist eine *„Wiederkehr des Volksliedes"* zu konstatieren (so der Untertitel des Buchs von Steinbiß 1984).

In einem amerikanischen Standardlexikon sind zahlreiche *Folklore-Definitionen* zusammengetragen. Sie können helfen, die wichtigsten bestimmenden Merkmale herauszufinden: (Funk & Wagnalls Standard Dictionary of Folklore, Mythology and Legend, hrsg. von Maria Leach, New York 1972; die Texte sind vom Verfasser ins Deutsche übersetzt):

(1) „Der Begriff Folklore wurde 1846 von dem englischen Antiquitätenhändler William John Thoms geprägt, um den häßlichen Begriff ‚populäre Antiquitäten' zu ersetzen. Seither ist das Wort offenbar in sämtliche Sprachen des europäischen Kontinents aufgenommen worden. Dem gegenwärtigen Gebrauch liegen zwei Bedeutungen zugrunde:

1. die Fülle nicht aufgezeichneter volkstümlicher Traditionen, wie sie in volkstümlicher (das heißt: nicht-literarischer) Dichtung, in Brauchtum und Glauben, in der Magie und im Ritual erscheinen, und
2. die Wissenschaft, die sich eine Untersuchung dieser Materialien vornimmt" (S. 403).

Bemerkung: Die zweite Bedeutung – Folklore als Wissenschaft der volkstümlichen Bräuche, Legenden, Mythen, Lieder, Tänze usw. – ist bei uns ungebräuchlich, obgleich sie vom Begriff selber nahegelegt wird.

An Folkloreforschung beteiligt sind in Deutschland die Disziplinen Volkskunde, Germanistik und Musikwissenschaft (speziell: die Ethnomusikologie), ferner Geschichtswissenschaften und Soziologie.

(2) „Folklore besteht aus Materialien, die von Generation zu Generation weitergereicht werden, ohne daß sie einem Erfinder oder Autor verläßlich zugeschrieben werden können ... Falls ein solcher nachweisbar ist, erfährt das Material im Vorgang der Weitergabe Veränderungen oder Anpassungen"(S. 402).

Bemerkung: Das Interesse des Folkloreforschers richtet sich stärker auf die Handhabung der Lieder, Legenden, Bräuche usw. und auf die Funktionen, die sie erfüllen, als auf den Schöpfer. Entsprechend führt Wolfgang Steinitz aus:

„Alle Versuche, das Volkslied vom unmittelbaren Schöpfungsprozeß her zu verstehen, sind fruchtlos gewesen ... Ein Werk der Folklore existiert nur, wenn es von einer Gemeinschaft angenommen wurde; es existiert von ihm nur das, was diese Gemeinschaft anerkennt und weitergibt" (Steinitz 1955, S. 8).

Das weist darauf hin, daß Folklore unter anderen Bedingungen existiert als Literatur:

„Zwischen Folklore und ‚Literatur' gibt es in Bezug auf Inhalt und Form keine prinzipiellen, für alle Perioden und Völker gültigen Unterscheidungsmerkmale. Das einzige objektive spezifische Merkmal der Folklore, das sie prinzipiell und eindeutig von ‚Literatur' unterscheidet und ihr in allen Perioden und bei allen Völkern in allen Gattungen eigen ist, ist die *Variabilität,* die schöpferische Veränderlichkeit und Umgestaltung, die ein Ausdruck, ein Resultat der kollektiven mündlichen Tradierung ist, in der die Folklore lebt. Ein ‚literarisches' Werk, das sein Verfasser niedergeschrieben hat, führt ein völlig anderes Leben" (ebd., S. 10).

(3) „Folklore in dem spezifischen Sinn, der in den Vereinigten Staaten gebräuchlich ist, umfaßt jene literarischen und geistigen Phasen der Kultur, die hauptsächlich durch mündliche Tradierung fortbestehen: Mythen, Märchen, Lieder und andere Formen mündlich überlieferter Literatur; Umgangssprache und Mundart als das Medium dieser Materialien; Volksmusik und Volkslied; ebenso Bräuche, Glauben und Volksweisheiten" (Funk & Wagnall 1972, S. 400).

Bemerkung: Wenn auch das Merkmal der mündlichen Tradierung wesentlich ist, so wird die schriftliche Fixierung und Dokumentation nicht ausgeschlossen:

„Die Übertragung der mündlichen Tradition in Schrift und Druck zerstört nicht ihren Wert als Folklore, vielmehr hilft sie, während sie ihre Form einfriert und fixiert, sie am Leben zu erhalten und unter denjenigen zu verbreiten, denen sie nicht heimisch oder wesentlich ist. Denn das volkstümliche Gedächtnis vergißt ebenso viel, wie es behält, und hält ebenso viel zurück und verdirbt, wie es weiterreicht und verbessert. In der Wechselwirkung mündlicher und schriftlicher Tradierung und im Fluß kulturellen Wechsels und Austausches spielt das Wiederbeleben eine ebenso wichtige Rolle wie das Überleben, Bekanntmachen ist ebenso wichtig wie das Erlernen, und die letztliche Verantwortung beruht eher auf dem angesammelten, gemeinsamen Geschmack und dem Urteil der vielen als auf dem einiger weniger" (ebd., S. 398).

(4) „Folklore ist ein Zweig der kulturellen Ethnologie. Die Daten der Folklore bestehen in Mythen, Legenden, Traditionen, Erzählungen, Annahmen, Religionen, Riten, Gebräuchen, Tänzen und Erklärungen von Natur und Mensch, wie sie einzelnen ethnischen Gruppen in irgendeinem beliebigen Teil der Welt und in irgendeinem geschichtlichen Augenblick annehmbar sind. Da dies alles Strukturen der menschlichen Vorstellung (Imagination) sind und häufig außerordentlich machtvoll wirken, wenn die Gruppen oder die Individuen, die diese konstituieren, gerade Krisen durchstehen, geben die Daten der Folklore unmittelbaren und eindrucksvollen Ausdruck von der menschlichen Natur; sie zeigen, wenn der Mensch dabei ist, seine Ängste und Hoffnungen zu definieren und ständig nach einer ihm fehlenden Sicherheit zu suchen. Folkloreforscher, deren Geschäft darin besteht, Folklore zu untersuchen, werden häufig infiziert und finden, daß sie statt Folklore zu studieren, sie in Wirklichkeit machen" (ebd., S. 400).

Bemerkung: Ethnische Gruppen als Träger von je besonderen Erscheinungsformen der Musikfolklore sind zu kennzeichnen durch ein Zusammengehörigkeitsgefühl, durch das sie sich auch von anderen, vergleichbaren Gruppen absetzen. Das Gefühl der Zusammengehörigkeit der ethnischen Gruppen erwächst in erster Linie aus ihrer gemeinsamen Sprache, sodann aus ihrem gemeinsamen Leben in ihrer Region, aus gemeinsamen politischen, religiösen und kulturellen Traditionen. (Auf die Definition musikethnischer Gruppen wird weiter unten noch näher eingegangen.)

(5) „Das Volkslied (folk song) umfaßt Dichtung und Musik von Gruppen, deren Literatur nicht durch Schrift oder Druck, sondern durch mündliche Überlieferung am Leben erhalten wird. Diese Gruppen, hauptsächlich auf dem Lande, sind in der Lage, einiges der älteren Kulturen einer nationalen Einheit, deren Bestandteil sie sind, zu erhalten – anders als die Bevölkerung

der Städte mit ihrer gebildeten, eher internationalen Zivilisation, die schnelleren Änderungen und modischen Fluktuationen unterliegt. So ist das Volkslied Teil einer Volkskultur, die unterschieden ist von der der Städte; sie repräsentiert nur bestimmte kulturelle Facetten einer Nation.

Das Konzept von ‚Volk', das in ‚Folklore' enthalten ist, bezeichnet eine Gruppe, in der die kulturellen, ökonomischen und erzieherischen Verschiedenheiten der Stadt viel weniger in Erscheinung treten, wo Lebensstile, Bräuche und überliefertes Wissen einschließlich der Lieder gleichmäßiger in der Gruppe bekannt und gemeinsamer Besitz sind und wo der kulturelle Besitz des einzelnen stärker mit dem seines Nachbarn übereinstimmt. So wie Volkskultur im Kontrast zur Stadtkultur steht, so setzt sich das Volkslied, das die Volksmusik einschließt, von Dichtung, populärem Lied und Kunstmusik der Stadt ab" (ebd., S. 1032f.).

Bemerkung: Die Gegenüberstellung ländliche – städtische Kultur darf hier nicht im wertenden Sinne mißverstanden werden. Vielmehr geben die Regionen, deren Bewohner bestimmte Lebensgewohnheiten und ein besonderes Verhältnis zu volkstümlichen Bräuchen und Traditionen, auch unterschiedliche politische Einschätzungen haben, auch für die zugehörige Volksmusik unterschiedliche Existenzbedingungen ab. Und es spricht einiges dafür, daß bestimmte Existenzweisen der Volksmusik, wie später erläutert werden soll, vorzugsweise noch auf dem Land anzutreffen sind, während sie in den Städten anscheinend verlorengegangen sind.

Wichtigste bestimmende Merkmale der Folklore sind danach:

1. Im Gegensatz zur Literatur (= Schrifttum) führt Folklore eine Existenz im Rahmen mündlicher Überlieferung.
2. Der Urheber ist weniger wichtig als die Aneignung der Folklore im Zusammenhang der Überlieferung durch die sie tragenden Gruppen und in den jeweiligen Situationen. Grundmerkmal der Folklore ist daher ihre Variabilität.
3. Schriftliche Fixierung ist keineswegs die Grundlage der Folkloreverbreitung, sie kann jedoch hilfreich sein, Traditionen über ihr ursprüngliches Verbreitungsgebiet hinauszutragen. Nicht selten werden Folkloreforscher unversehens zu Trägern der Folklore.
4. Folklore kann dem Zusammengehörigkeitsgefühl, auch den existenziellen Nöten ethnischer und sozialer Gruppen Ausdruck geben. Volkstümliches Lied, Musizieren und Volkstanz sind eng verwoben mit anderen „Objektivationen" der Folklore: mit Märchen, Legenden, Festtagsbräuchen, Riten, Kleidung, Hausbau, mit religiösen und politischen Einstellungen usw.
5. In ländlichen Räumen mit relativ starkem Traditionsbewußtsein und vergleichsweise hoher Konstanz der Lebensverhältnisse erhalten sich folkloristische Traditionen länger als in den Städten.

Diese Merkmale umreißen freilich nur einen Rahmen, innerhalb dessen je nach Situation unterschiedliche Akzente gesetzt werden.

Beispielsweise greift Wolfgang Steinitz eine in der Volksliedforschung viele Jahrzehnte vernachlässigte Linie heraus, die er als Volkslieder *„demokratischen Charakters"* bezeichnet. Diese Linie umschreibt er wie folgt:

„Zahlreiche deutsche Volkslieder, die uns vom 15. Jahrhundert an in immer größerer Zahl bekannt werden, geben der ‚Stimme des Volkes' in seiner Not und in seinem Kampf klaren Ausdruck – der Stimme der bis ins 19. Jahrhundert unter der Leibeigenschaft stöhnenden und sich wiederholt in Aufständen erhebenden Bauern; der in den Städten gegen die Patrizier ankämpfenden Handwerker und der städtischen Armut; der Stimme der im 19. Jahrhundert neu entstehenden Arbeiterklasse, die mit dem schlesischen Weberlied von 1844 zum ersten Mal und sogleich in machtvoller Weise erklingt, der Stimme der aus dem werktätigem Volk hervorgegangenen und mit ihm, zum Unterschied zu den Landsknechten, verbunden gebliebenen zwangsgepreßten, verkauften und mißhandelten Soldaten.

Ohne diesen wesentlichen und umfangreichen Teil, ohne diese die Sehnsucht und die Interessen des werktätigen Volkes zum Ausdruck bringenden demokratischen Volkslieder können wir kein richtiges Bild von dem ganzen Reichtum des deutschen Volksliedes in seiner poetischen Schönheit und inhaltlichen Wahrheit erhalten und geben" (Steinitz 1955/1962, S. XI).

An dieser Stelle sei ein Beispiel aus der Tradition der Lieder „demokratischen Charakters“ angeführt, *„Das Blutgericht“* (Weberlied):

2. Hier wird der Mensch langsam gequält,
Hier ist die Folterkammer,
Hier werden Seufzer viel gezählt,
Als Zeugen von dem Jammer.

3. Die Herrn Zwanziger die Henker sind,
Die Dierig ihre Schergen
Davon ein Jeder tapfer schindt,
Anstatt was zu verbergen.

4. Ihr Schurken all, ihr Satansbrut,
Ihr höllischen Dämone
Ihr freßt der Armen Hab und Gut,
Und Fluch wird euch zum Lohne.

9. Hier hilft kein Bitten und kein Flehn,
Umsonst ist alles Klagen.
„Gefällts euch nicht, so könnt ihr gehn
Am Hungertuche nagen.“

10. Nun denke man sich diese Noth
Und Elend dieser Armen.
Zu Haus oft keinen Bissen Brod.
Ist das nicht zum Erbarmen!

11. Erbarmen ha! ein schön Gefühl,
Euch Kannibalen fremde,
Ein jedes kennt schon euer Ziel,
S’ist der Armen Haut und Hemde.

Erläuterung:

„Das Blutgericht“ entstand 1844 während des schlesischen Weberaufstandes, in dem sich die ländlichen Hausweber gegen ihre mit der Mechanisierung der Textilindustrie einhergehende Verelendung zur Wehr zu setzen versuchten. Das in zahlreichen Varianten überlieferte Lied – Steinitz führt sieben unterschiedliche Textvarianten an – ist hier mit den Strophen 1–4 und 9–11 wiedergegeben, wie sie Gerhard Hauptmann im 2. Akt seines Dramas „Die Weber“ benutzt hat. Dies sind aus den insgesamt 25 Strophen die sieben Strophen, die am ehesten allgemein verständlich sind. Als Melodie ist auf den Flugblättern, die für die erste Verbreitung sorgten, angegeben: *„Es liegt*

ein Schloß in Österreich". Hier ist eine Melodiefassung gewählt, die in der Region damals gebräuchlich war und von der Steinitz daher annimmt, daß sie während der Unruhen verwendet worden ist. – Das Lied ist mehrfach als Beweisstück vor Gericht verwendet worden und findet sich in den Gerichtsakten (vgl. hierzu die Auszüge bei Steinitz 1955, S. 233).

So verdienstvoll es war, auf eine lange Zeit vernachlässigte Tradition im deutschen Volkslied konsequent hingewiesen und umfangreiches Material zusammengetragen zu haben, so problematisch ist es, umgekehrt eine aus politischer Interessenslage erklärbare Eingrenzung des Begriffs von Folklore zu verallgemeinern. Denn nur in einem Teil der Volksmusik werden gesellschaftliche Zustände und politische Absichten artikuliert.

Entsprechend ist zu kritisieren, wenn als eine entscheidende Eigenschaft der Volksmusik bezeichnet wird, „daß sie keineswegs die Musik der gesamten Bevölkerung ist, sondern die der unteren, beherrschten Schichten" (Tibbe/Bonson 1981, S. 10). Zudem liegt eine derartige inhaltliche Fixierung des Begriffs der Volksmusik – wenn auch mit anderen Vorzeichen – auf ein und derselben Linie wie längst überholte Vorstellungen vom *„wahren"* und *„echten"* Volkslied, die zwar wohlgemeinten pädagogischen Absichten entsprangen, aber der Wirklichkeit der Existenz von Folklore nicht gerecht wurden.

Auf jeden Fall gehören zum Volkslied auch Lieder, die – ohne jegliche politische oder gesellschaftskritische Attitüde – gemeinsam empfundenen Stimmungen oder individuellen Gefühlen Ausdruck geben.

Das kann über einen lyrischen Text oder die erzählerische Umschreibung einer Ballade geschehen.

Eine der bekanntesten deutschsprachigen Balladen zum Thema Liebe ist die *Ballade der Königskinder*.

2. „Leef Herte, kanst du der nich swemmen?
Leef Herte, so swemme to mi!
Ik will di twe Keskes upsteken,
un de söllt löchten to di.“

3. Dat horde ne falske Nunne
up ere Slopkammer, o we!
Se dey de Keskes utdömpen;
leef Herte bleef in de See.

4. Et was up en Sundage Morgen,
de Lüde wören alle so fro;
nich so de Künigesdochter,
de Augen de seten ehr to.

5. „O Moder“, säde se, „Moder,
mine Augen doht mi der so we;
mag ik der nich gohn spatzeren
an de Kant von de ruskende See?“

6. „O Dochter“, säde se, „Dochter,
allene kanst du der nich gohn;
weck up dine jüngste Süster,
und de sall met di gohn.“

7. „Mine allerjüngste Süster
is noch so’n unnüsel Kind,
se plücket wol alle de Blömkes,
de an de Seekante sind.“

8. „Un plückt se auk de wilden
un lätt de tammen stohn,
so segget doch alle de Lüde:
Dat het dat Künigskind dohn.“

9. „O Mutter„ ‚sede se, „Moder,
mine Augen daht mi der so we;
mag ik der nich gohn spatzeren
an de Kant von de ruskende See?“

10. „O Dochter“, sede se, „Dochter,
alleene sast du der nicht gohn;
weck up dinen jüngsten Broder,
un de sall met di gohn.“

11. „Min allerjüngsten Broder
is noch so’n unnüsel Kind,
he schütt wull alle de Vügel,
de up de Seekante sind.“

12 „Und schütt he auk men de wilden
un lätt de tammen gohn,
so segget doch alle de Lüde:
Dat het dat Künigskind dohn.“

13. „O Moder“, sede se, „Moder,
min Herte doht mi der so we,
laet andere gohn tor Kerken,
ik bed’ an de ruskende See.“

14. Da sat de Künigsdochter
up’t Hoefd ere goldene Kron,
se stack up eren Finger
en Rink von Demanten so schon.

15. De Moder genk to de Kerken,
de Dochter genk en de Seekant,
se genk der so lange spatzeren,
bes se enen Fisker fand.

16. „O Fisker, leeveste Fisker,
ji könnt verdeenen grot Lohn:
Settet jue Netkes to Water,
fisket mi den Künigessohn!“

17. He sette sin Netkes to Water,
de Lothkes sünken to Grund,
he fiskde und fiskde so lange,
de Künigssohn wurde sind Fund.

18. Do nam de Künigesdochter
von Hoefd ere goldene Kron:
„Sü do, woledele Fisker,
dat is ju verdeende Lohn.“

19. So trock von eren Finger
den Rink von Demanten so schon:
„Sü do, woledele Fisker,
dat is ju verdeende Lohn.“

20. Se namm in ere blanke Arme
den Künigssohn, o we!
Se sprank met em in de Wellen:
„O Vader un Moder, ade!“

Erläuterung:
Diese über mehrere Jahrhunderte in ganz Europa weit verbreitete Ballade ist hier in einer Fassung wiedergegeben, die die Dichterin Annette von Droste-Hülshoff 1842 in ihrer westfälischen Heimat aufgezeichnet hat.
John Meier (1935) teilt unter den von ihm nachgewiesenen 488 Varianten als erste eine Version aus der mehrstimmigen Liedsammlung von Forster (1540) und von einem Fliegenden Blatt, gedruckt bei Valentin Fuhrmann, Nürnberg, nach 1563, mit.
In der Sammlung Deutsche Volkslieder (1965) ist als jüngste Fassung eine 1961 von J. Künzig unter Siebenbürgern aufgenommene Version mitgeteilt.
Heute in der Bundesrepublik gängige Fassungen, wie sie durch Schulliederbücher fixiert wurden, sind der bei Klusen (1980, S. 454ff.) angeführten Fassung ähnlich.

Der Stoff der Ballade geht auf Ovids Sage von Hero und Leander zurück. Sowohl melodisch als auch textlich besteht eine direkte Verbindung zum Elslein-Lied (vgl. z. B. Liedermagazin 1980, S. 31).
Das Lied lebt aber auch in einem kreativen Sinn weiter. So teilt das Deutsche Volksliedarchiv in Freiburg auf Anfrage folgende Hinweise mit:

„Von der Ballade der beiden Königskinder gibt es eine Parodie im allerersten Liederbuch der Anti-AKW-Bewegung vom März 1975 ... Zitate aus dem Lied von den Königskindern oder Anspielungen darauf gibt es in einem Lied von Walter Moßmann und in zwei Liedern von Wolf Biermann." (Barbara James)

Hier die Materialien:

(2) Mein Vaterland, mein Vaterland
Hat eine Hand aus Feuer
Hat eine Hand aus Schnee
Und wenn wir uns umarmen
Dann tut das Herz mir weh.

Ich habe gesehen zwei Menschen stehn
Die hielten sich umfangen
Am Brandenburger Tor
Es waren zwei Königskinder
Das Lied geht durch mein Ohr.

(Wolf Biermann, in: Deutschland, ein Wintermärchen 1972, S. 91)

(3) *Es waren zwei Landeskinder*
(nach: ‚Es waren zwei Königskinder')

1. Es waren zwei Landeskinder,
die planten ein Kraftwerk in Wyhl.
Sie konnten dazu nicht kommen, denn:
Der Widerstand bei Wyhl war viel zu viel,
denn der WIDERSTAND BEI WYHL WAR VIEL ZU VIEL.

2. Es saßen die zwei Landeskinder
im Aufsichtsratsgestühl.
Sie wollten zu Gelde kommen,
/:Doch der Widerstand bei Wyhl war viel zu viel.:/

3. Es zogen and're Landeskinder
gen Stuttgart. Der Landtag war ihr Ziel.
Sie wollten den beiden nur sagen:
Der Widerstand bei Wyhl ist viel zu viel,
DER WIDERSTAND BEI WYHL IST VIEL ZU VIEL!!

(v. Buki)

(Lieder aus Markelsheim und Wyhl, Freiburg 1975, S. 14)

(4) Wolf Biermann bezieht sich im Lied „Die Elbe bei Dresden" (Preußischer Ikarus, Köln 1978, S. 33f.) auf die Königskinder-Ballade mit den Zeilen:

„In jenem Mai, da schwammen wir schön
Mit der Strömung zur anderen Seit
Dann laufen ein Stück – und schwimmen zurück
Uns war der Fluß nicht zu breit
Das Wasser war nicht viel zu tief für uns . . ."

(5) Walter Moßmann spielt ebenfalls auf die Ballade an in einem Liebeslied: „Lied für die Sheba, als sie mal zu lange weg war" (Flugblatt-Lieder, Streitschriften. Berlin 1980, S. 158ff.):

„. . . und du bist auf der anderen Seite
und kein Königskind . . ."

Folklore wurzelt in der ethnischen Gruppe; innerhalb einer Sprachengemeinschaft, innerhalb einer Nation und ihren Regionen steht sie auch bei symbolhafter Umschreibung im unzertrennlichen Zusammenhang mit dem Leben derer, die sie machen (vgl. Tibbe/Bonson 1981, 10f.).
Ein grundlegendes Merkmal ist ihre *Variabilität,* die die fortwährenden Modifikationen des individuellen Lebens und des allgemeinen Lebenszusammenhanges wiedergibt.
Freilich tritt diese Variabilität für denjenigen, der sich gängiger Liedsammlungen für den praktischen Gebrauch bedient, nicht in Erscheinung. Auch in den Schulen wird in der Regel eine einzige Fassung einstudiert, und der Lebenszusammenhang stellt sich auch hier nur sehr von ferne ein.

II. Auf der Suche nach dem Volkslied unserer Zeit

Eine Situationsanalyse zur musikalischen Folklore der Bundesrepublik stößt auf Schwierigkeiten mancherlei Art.

● *Soziologische Erhebungen* decken zwar einen Teil der Phänomene auf, sie sind jedoch lückenhaft, weil über den Gesichtspunkten der statistischen Repräsentanz symptomatische, aber quantitativ nicht so ins Gewicht fallende Erscheinungen vernachlässigt werden.
Zudem grenzen die Fragestellungen von vornherein Wesentliches aus. So belegt Ernst Klusen zwar Erscheinungsformen und Lebensbereiche des Volksliedes von heute (1975), soweit das Singen in Gruppen betroffen ist. Das individuelle Lied und die Folkloreszene, in der einzelne oder Folkgruppen vor Publikum auftreten, werden allenfalls mittelbar – soweit sie sich im Gruppenlied niederschlagen – berücksichtigt. Musikfolklore, eingegrenzt auf das „in Gruppen laienmäßig gehandhabte Lied" (Klusen 1975, S. 108), wird der Musikwirklichkeit jedoch nicht gerecht.

● Das *Folkloreangebot der Musikindustrie* geht von der Verkäuflichkeit der Volksmusik aus, dic offenbar in zwei Richtungen weist: zum einen auf ein Majoritätenpublikum, das von Interpreten wie Ernst Mosch und seinen Original Egerländer Musikanten, den Oberkrainern, Heino, den Geschwistern Hellwig, den King Singers usw. erreicht werden; zum anderen auf Zielgruppen unter vor allem jugendlichen Konsumenten, die von Gruppen wie Zupfgeigenhansl, Elster Silberflug, Fiedel Michel, Ougenweide, Singspiel und espe oder von Interpreten wie Hein und Oss Kröher angesprochen werden.

● Das *begriffliche Instrumentarium*, dessen sich Volkskundeforscher und Pädagogen in der Bundesrepublik im Kontext der Musikfolklore bedienen, ist wenig entwickelt. So wurde es versäumt, eine Auseinandersetzung über den Begriff der ethnischen Gruppe zu führen – anders als in Skandinavien und in den USA.
Unsere Vorsicht ist historisch erklärbar aus dem ideologischen Mißbrauch, der zur Zeit des Nationalsozialismus mit den Begriffen Volk, völkisch, Rasse und Stamm getrieben worden ist.
Wenn aber die ethnische Gruppe Träger der Musikfolklore ist, so müßten wir hier auch für die Regionen der Bundesrepublik Deutschland zu deutlichen Differenzierungen kommen.
Zu andersartigen Differenzierungen liegen jedoch umfassende Studien vor. Sie betreffen die Gattungen des Volksliedes und die historische Dimension seiner Entwicklung (vgl. z.B. Handbuch des Volksliedes 1973/1975; Steinitz 1955/1962).
Volkslieder hat es gegeben, längst bevor Johann Gottfried Herder 1773 den Begriff prägte und seit die ersten Sammlungen vorgelegt wurden: am bekanntesten *„Des Knaben Wunderhorn“* (Achim von Arnim und Clemens von Brentano, 1805).
Erst im 19. Jahrhundert wurde systematisch gesammelt.
1865–69 legte Rochus von Liliencron in vier Bänden *„Die historischen Volkslieder der Deutschen“* vor. Franz Magnus Böhme trug 1877 sein *„Altdeutsches Liederbuch“* zusammen, A. Kretzschmer und Anton Wilhelm Florentin von Zuccalmaglio gaben 1840 ein zweibändiges Werk *„Deutsche Volkslieder mit ihren Originalweisen“* heraus, und Ludwig Erk und Franz Magnus Böhme präsentierten 1893/94 eine umfassende Sammlung in drei Bänden unter dem Titel *„Deutscher Liederhort“*.
Aber bereits aus dem 15. Jahrhundert sind Liedsammlungen überliefert, wie Lochamer, Wienhauser und Glogauer Liederbuch, und die mündliche Tradition dürfte historisch noch weiter zurückreichen.
Im 20. Jahrhundert griffen die Sammler andere Traditionen auf als im Jahrhundert davor: Die Jugendbewegung nahm sich bevorzugt der historischen Lieder des 16. und 17. Jahrhunderts an (*„Zupfgeigenhansl“*, 1908).
Von den Forschern des 19. Jahrhunderts vernachlässigte Bereiche waren das Arbeiterlied und historisch-politische Lieder, darunter auch solche, die Unzufriedenheit an, Spott über und Protest gegen die obwaltenden politischen Verhältnisse zum Ausdruck brachten. In diese Lücke stieß 1955 und 1962 die zweibändige Ausgabe *„Deutsche Volkslieder demokratischen Charakters aus sechs Jahrhunderten“* von Wolfgang Steinitz, der weitere Sammlungen für den praktischen Gebrauch folgten.
Seit der Begriff Volkslied existiert, ist umstritten, ob die Lieder vom Volke stammen oder für das Volk gemacht wurden.
Zwar galten Lieder erst als Volkslieder, wenn sie von weiten Kreisen auch der einfachen Bevölkerung gesungen wurden, und zur Singepraxis gehörte, daß die Lieder auf eine individuelle Lage hin oder für bestimmte Situationen zurechtgesungen wurden.
Ein kreativer Umgang mit dem durch Tradition und persönliche Überlieferung erworbenen Liedgut war von jeher selbstverständlich. Jedoch bedeutete die aktive, in Einzelheiten modifizierende Aneignung der Lieder nicht in jedem Fall, daß sie von den Liedträgern selber auch erfunden wurden. Goethe hat bekanntlich volkstümliche Balladen gedichtet und als Volkslieder bezeichnet, in der Sammlung des Zuccalmaglio sind eigene Melodien des Herausgebers als volkstümliche Weisen ausgegeben.
Offenbar ist der historische Rückblick das entscheidende Kriterium, das die Musik-

folklore von den Liedern der Liedermacher und der zeitgenössischen Komponisten absetzt. Andernfalls wäre eine Unterscheidung der Folksänger von den Liedermachern (siehe Rothschild, 1980) nicht möglich, und in Fällen der Aneignung von Liedermacher-Liedern durch zahlreiche Zeitgenossen (z.B. Lieder von Franz Josef Degenhardt) mag die Unterscheidung auch hinfällig werden.
So ist denn auch die Frage nach dem zeitgenössischen Volkslied (vielleicht Udo Jürgens?) falsch gestellt. Fragen läßt sich sinnvollerweise nur, wo volkstümliche Lieder vergangener Zeiten heute noch lebendig sind oder neue Lieder weite Resonanz finden und in den aktiven Liedschatz aufgenommen werden.
Und für den *Pädagogen* stellt sich die Suche nach dem Volkslied unserer Zeit wiederum anders dar. Ausgangspunkt hierfür könnte die Frage sein: Ist das Volkslied perdu? Haben wir seinen Verlust zu beklagen oder ist – vielleicht unbemerkt – inzwischen etwas Neues vorhanden, das gleichwertig an seine Stelle treten könnte?
Daß das Volkslied überhaupt verlorengehen könnte, widerspricht der immer noch fest verankerten landläufigen Vorstellung von seinem zeitlosen Bestand.
Diese Vorstellung ist jedoch historisch genau lokalisierbar. Was als gegenüber allen Zeitläufen im Grunde unveränderlich hingestellt wurde, ist Kind besonders des 19. Jahrhunderts. Diese Zeit hat Lieder gesammelt, gereinigt, verändert, gekürzt, erweitert, neu gedichtet, mit neuen Melodien versehen und darin insgesamt ein Ideal geschaffen, das angeblich vom Volke kam und doch für seinen Gebrauch erst zurechtgemacht worden war (vgl. Bausinger 1978).
Der Begriff des Volksliedes ist nach Hermann Bausinger eine wertende Setzung.
Zu der inzwischen ins Werk gesetzten ideologischen Entrümpelung gehört die Einsicht, daß die Annahme vom „Grundständigen" einer Kultur, angeblich Nährboden für das volkstümliche Lied, soziologisch unhaltbar ist. Die gesellschaftliche Wirklichkeit ist erheblich differenzierter.
Nimmt man beispielsweise die Volksmusikprogramme des Rundfunks, so weisen soziologische Erhebungen nach, daß die in den Programmen gesendeten „Volkslieder" vornehmlich von älteren Menschen gehört werden. Sie sind also längst nicht bei allen Bevölkerungsteilen der Bundesrepublik gleich beliebt. Vor allem Jugendliche erwärmen sich für ein anderes Musikideal, das Erwachsene gern überheblich durch den soziologisch mißverstandenen Begriff der Subkultur (im Sinne von minderwertiger Kultur) abzuwerten versuchen. Eine „Volksmusik" aber, die bei Jugendlichen nicht ankommt, hat keine Zukunft.
Die seit Jahrzehnten geführte Diskussion um den Volksliedbegriff hat lediglich die Gewißheit erbracht, daß es eine allgemein akzeptierte Definition unter den heutigen Lebensbedingungen nicht gibt. Wo begriffliche Klarheit nicht möglich ist, gibt es sie auch der Sache nach nicht.
Einfacher und erfolgreicher sind da Bemühungen um eine Definition des Schlagers.
Die Musikindustrie hat keinen Zweifel daran gelassen, welche (stereotypen) Merkmale einen erfolgreichen Schlager ausmachen. Da heute Schlager und das, was ehedem Volkslied genannt wurde, auf gleiche Weise vermarktet werden, haben sie sich in ihrem Erscheinungsbild erstaunlich angenähert. Der Vergangenheit gehört der im pädagogischen Raum unternommene Versuch an, Schlager und Volkslied ideologisch gegeneinander auszuspielen. Die Nachblüte der Musischen Bewegung in den fünfziger Jahren zeichnet dafür verantwortlich.
Heute ist man da unbefangener, so daß man fragen kann: Gibt es etwas, das unter den gewandelten Lebensbedingungen unserer Tage dem Volkslied des 19. Jahrhunderts entspricht? Ist ein Liedtypus denkbar, gibt es ihn vielleicht bereits, der von der überwiegenden Zahl der heute Lebenden jenseits von ökonomischen, sozialen, politischen, religiösen, bildungsmäßigen Unterschieden gleich hoch geschätzt wird und auch ge-

sungen werden kann (das ist übrigens beim historischen Volkslied schon nicht so gewesen)?
Eine allzu einfache Antwort liefert eine Auswertung von Umfragen, die in dem Satz gipfelt: Der Schlager ist das Volkslied unserer Zeit. Das mag statistisch gesehen richtig sein, der Aussage fehlt aber eine wesentliche Differenzierung: Das Verhältnis des einzelnen zum Schlager ist total verschieden von dem unserer Großeltern zum Volkslied. Träger des Liedes waren noch vor wenigen Generationen einzelne Sänger, heute ist es die Kulturindustrie.
So muß die oben gestellte Frage abgewandelt werden: Gibt es heute eine Form des Singens oder einen Liedtypus, der sich als unabhängig vom Standard der Kulturindustrie erweist?
Auch in dieser Form nimmt sich die Frage wunderlich aus, betrachtet man die gesellschaftliche, durch Massenmedien geprägte Wirklichkeit der Musik. Kommerzialisierung und kulturindustrielle Gängelung sind überall wirksam. Konsequenzen reichen bis in die für persönlich gehaltenen subjektiven Wertungen: Unsere Erfahrungen legen die Maßstäbe dessen fest, was wir für schön und wertvoll in der Musik halten.
Die Frage muß daher nochmals gewendet werden. Unter den Lebensbedingungen unserer Tage müssen wir neu fragen nach der Beziehung, die zwischen Individuum und Lied wünschenswert ist.
Musikkonsum ohne ein Minimum an geistiger Zutat von Seiten des Konsumenten liefert einen jeden an die gleiche süße Soße der kommerzialisierten Musikproduktion aus. Hier von Manipulation des Geschmacks oder Gängelung zu reden, bedeutet den überflüssigen Verschleiß von Schlagworten. Je nach Gelegenheit mag die süße Soße angenehm sein. In jeder Situation serviert, schmeckt sie widerlich.
Das geforderte Minimum an geistiger Zutat ist nicht allein dadurch garantiert, daß die Musik selbst gemacht wird. Die Gedankenlosigkeit gemeinschaftlichen Singens hinterläßt allzu leicht einen schalen Geschmack.
Jedoch ermutigt die Folklore – weshalb nicht auch deutsche Volksmusik – zu eigener Betätigung. Und Singen und Musizieren schließen geistige Auseinandersetzung nicht aus, vielmehr können sie deren Bestandteil sein. Offenbar muß die Verflechtung von musikalischer Aktion mit zugehöriger Reflexion geübt werden.
Musikalische Praxis an Beispielen der Musikfolklore könnte mehreres erbringen:

- Jede differenzierte Rezeption ist angewiesen auf eigene musikalische Betätigung – gleich welcher Art – wenn diese nur ebenfalls um Differenzierung bemüht ist;
- durch eigene Praxis können musikalische Interessen und Neigungen entscheidend gefördert werden;
- gegenüber den Manipulationspraktiken der Musikindustrie sind die kompensierenden Wirkungen ästhetischer Praxis höchst wünschenswert; ein produktives Verhältnis ist auch zur Musik anderer ethnischer Gruppen möglich, es kann Toleranz und Verständnis für Fremdartiges fördern.

Viele soziologische Untersuchungen weisen auf den bevorzugten Rangplatz der Musik unter den Freizeitaktivitäten der Jugendlichen hin, registrieren aber mit Erstaunen das niedrige Ansehen des Schulfachs Musik unter den Schülern. Offenbar nimmt die Musik im sozialen Beziehungsgefüge einer Schulklasse eine ganz andere Funktion ein als in der Freizeit mit den für sie typischen lockeren und frei gewählten Gesellungsformen.
Jugendliche Schüler singen – immer noch: trotz Neuorientierung des Musikunterrichts, veränderter Richtlinien, Pessimismus der Kulturkritiker. Es wird immer wieder gesungen: wegen der vom Singen ausgehenden Motivationen, wegen der sozialen Funktionen des Singens, wegen der psychischen Entlastung, die Singen leisten kann.

Freilich ist die Schule kaum noch maßgebend für Liedrepertoire und für die Art zu singen. Die öffentlichen Medien sind ja voll von Gesang. Die Schule tut sich immer noch schwer damit, alle Erscheinungsformen des Liedes zu akzeptieren und zu berücksichtigen, da die Schüler durch die Medien entscheidend vorprogrammiert sind.
Dabei wurde das Lied bereits für unser Jahrhundert als tot erklärt. Seine musikalischen Mittel seien seit etwa 1900 erschöpft (Segler/Abraham 1966, S. 59).
In der Tat lebt, was seither an Liedmelodien neu geschaffen wurde, vom Rückgriff auf die Stilmittel vergangener Jahrhunderte. Bewußt oder unbewußt wurden und werden Anleihen gemacht, die den *„Schein des Bekannten"*, der ein eigenständiges Lied ziert, nicht nur Schein sein ließen. „Stilgeschichtlich repräsentant" für Lieder des 20. Jahrhunderts ist allenfalls die Übernahme historischer Stilmittel. Diese sind heute jedermann verfügbar, weshalb aus musikalischer Sicht wenig dazu gehört, unter die Liedermacher zu gehen.
Hinzu kommt, daß im Zuge der Folklore-Bewegung wenig abgenütztes Melodiengut aufgegriffen werden kann. Die Lieder aus aller Welt bieten nicht nur musikalisch, sondern auch vom Text her Anregungen. Denn die Nöte ethnischer Minderheiten, politisch Verfolgter und sozial Deprivierter, die im Lied klingenden Niederschlag finden, lassen unter völlig verschiedenen äußeren Bedingungen ähnlich gelagerte innere Probleme anklingen.
Die *folkloristischen Lieder* verdienen wie die der Liedermacher besondere Aufmerksamkeit, weil sich hier ein ungeahntes Spektrum an Meinungen, Stimmungen, Erfahrungen, an künstlerischer Reflexion des Lebens erschließen läßt.
Musikpädagogen sollten versuchen, ein neues Verhältnis zum Lied herbeizuführen. Die komplexen Zusammenhänge zwischen Mensch und Lied müssen gesehen werden, und zwar sowohl beim Hören als auch beim Selber-Produzieren.
Musikhören begreift alle möglichen Hörweisen und Arten der Auseinandersetzung mit dem Lied in sich. Unbefangen sollten alle Erscheinungsformen des Liedes vom Elslein-Lied bis zum Musical-Song, von Schubert, Schumann, Wolf bis Eisler, von Udo Jürgens bis Reinhard Mey und Udo Lindenberg, vom historisch-politischen Lied der Reformationszeit bis zu Emigrantenliedern, von „Ein feste Burg" bis zu „Einigkeit und Recht und Freiheit" usw. zur Kenntnis genommen werden.
Lieder müssen auf Manipulationsabsichten ebenso abgeklopft werden wie auf Möglichkeiten subjektiven Lustgewinns; die außermusikalischen Bezüge und sozialen Funktionen eines Liedes lassen sich ebensogut analysieren, wie man den Zusammenhang mit anderen musikalischen Gattungen herstellen kann.
Das Selber-Produzieren meint alle möglichen Formen musikalischer Betätigung am Lied. Hierzu gehören das individuelle Vor-sich-hin-Singen ebenso wie das gemeinschaftliche Singen in der Gruppe; die Liedaufführung mit der Unterstützung von Instrumenten oder mit elektroakustischen Hilfsmitteln (Hallgerät, Verstärker, Tonband-Playback); die Neutextierung einer vorhandenen Liedmelodie wie das Erfinden einer eigenen Melodie zu einem selbst gemachten Text; Verarbeitung von Liedern in einer Collage.
Es war bereits von einem Minimum an geistiger Zutat die Rede.
Musikalische Aktivitäten sind möglich und sinnvoll, wenn sie in der Reflexion dieser Aktivitäten ein Korrektiv haben. Der Musikunterricht sollte die vom Singen ausgehenden Motivationen nutzen, ohne in alte Fehler zurückzufallen, die die musische Bewegung seinerzeit so anfällig gegen politische Steuerung gemacht haben.
Die Suche nach einem Volkslied unserer Zeit geht leer aus. Es sei denn, man sieht einen Gewinn darin, in dem gewandelten Verhältnis zum Lied ein neues Ideal gefunden zu haben, das die Interessen der Schüler am Musikunterricht beflügelt, ein Verständnis der heutigen Musikszene herbeiführen hilft, vereinzelt auch einen historischen Rück-

blick fundiert, politische Wirkungen auch vordergründig unpolitischer Lieder aufdeckt, eigene Bedürfnisse artikuliert, zur mitmenschlichen Kommunikation beiträgt ... Dann wäre die Mühe der Suche nicht umsonst gewesen.

III. Ethnische und soziale Gruppen als Träger der Musikfolklore

Um zu einer Differenzierung der Musikstile der Folklore zu gelangen, scheint es sinnvoll, nicht von der Musik selber, sondern von den sie tragenden ethnischen und sozialen Gruppen auszugehen.
Der Terminus *ethnisch* setzt sich heute in der wissenschaftlichen Diskussion gegenüber älteren, inhaltlich meist belasteten Begriffen wie Volk, Rasse und Stamm durch, obwohl von der Sache her zweifellos Überschneidungen existieren.
Mit dem Begriff der *ethnischen Gruppe* bezeichnet man nach Frederic Barth im allgemeinen eine Bevölkerung, die

„1. sich in biologischer Hinsicht weitgehend selber erhält,
2. die fundamentalen kulturellen Werte untereinander teilt, wie sie offen in kulturellen Formen verwirklicht werden,
3. ein Feld der Kommunikation und Interaktion aufbaut,
4. aus Mitgliedern gebildet wird, die sich miteinander identifizieren und von anderen als solche identifiziert werden, die eine Kategorie bilden, die von anderen Kategorien derselben Ordnung unterschieden werden kann.“

(F. Barth: Ethnic Groups and Boundaries, 1969, S. 10f., deutsch vom Autor)

Barth weist darauf hin, daß diese Definition kaum anders sei als die beiden gängigen Gleichungen „Rasse = Kultur = Sprache“ und „Gesellschaft = Einheit, die andere zurückweist oder sich von ihnen unterscheidet“, daß diese Modifikation aber zahlreichen empirischen ethnographischen Situationen gerecht werde, weshalb die Definition für den Gebrauch unter Anthropologen gut geeignet sei (ebd., S. 11). Im Amerikanischen werden Rasse und Ethnizität, Rasse und ethnische Beziehungen problemlos nebeneinander verwendet. Als zentraler Begriff wird aber immer wieder die *ethnische Identität* hervorgehoben (vgl. R. J. Meister: Race and Ethnicity in Modern America, 1974; J. R. Feagin, 1978: Ethnic Identity, 1975).
Identifikationsgefühl als zentrales Merkmal einer ethnischen Gruppe läßt sich empirisch überprüfen. Wie will man demgegenüber das „Wesen“ eines Volkes, seiner Kultur, speziell seiner Musik dingfest machen?
Ethnische Gruppen entwickeln auf der Basis sprachlicher, kultureller, geographischer und historischer Gemeinsamkeiten ein Identitätsgefühl, das ihren Zusammenhalt auch unter widrigen politischen Umständen (Vertreibung, Auswanderung, Verschiebung politischer Grenzen, Staatenteilung, Unterdrückung usw.) bewahren hilft. Das Zusammengehörigkeitsgefühl ist besonders ausgeprägt bei nationalen Minoritäten, die sich in einem Staat fremd, sozial isoliert und ökonomisch benachteiligt fühlen, bei den Bewohnern von Regionen, denen eine angestrebte Autonomie versagt wird und die von einem zentralistisch regierten Staat in wirtschaftlicher, kultureller und politischer Hinsicht hintangehalten werden, bei Bevölkerungsgruppen, die aufgrund ihrer Abstammung um soziale und politische Anerkennung kämpfen müssen, und bei eingewanderten Volksgruppen, die sich durch hergebrachte Lebensgewohnheiten und kulturelle Traditionen von der Mehrheit der übrigen Bewohner eines Staates abheben.
Interessanterweise erhalten ethnische Gruppen ihre Musik über Staatsgrenzen hinweg, wie das im Verlauf der Geschichte bis in die jüngste Vergangenheit hinein zu beobach-

ten war. Nur so ist beispielsweise die große Ähnlichkeit der irischen und bretonischen Musik zu erklären: Bretonen und Iren gehören derselben ethnischen Gruppe an, historisch bildeten Bretagne, Britannien und Irland einmal eine politische Einheit.

ÜBERSICHTSSKIZZE DER WOHNGEBIETE EUROPÄISCHER VOLKSGRUPPEN

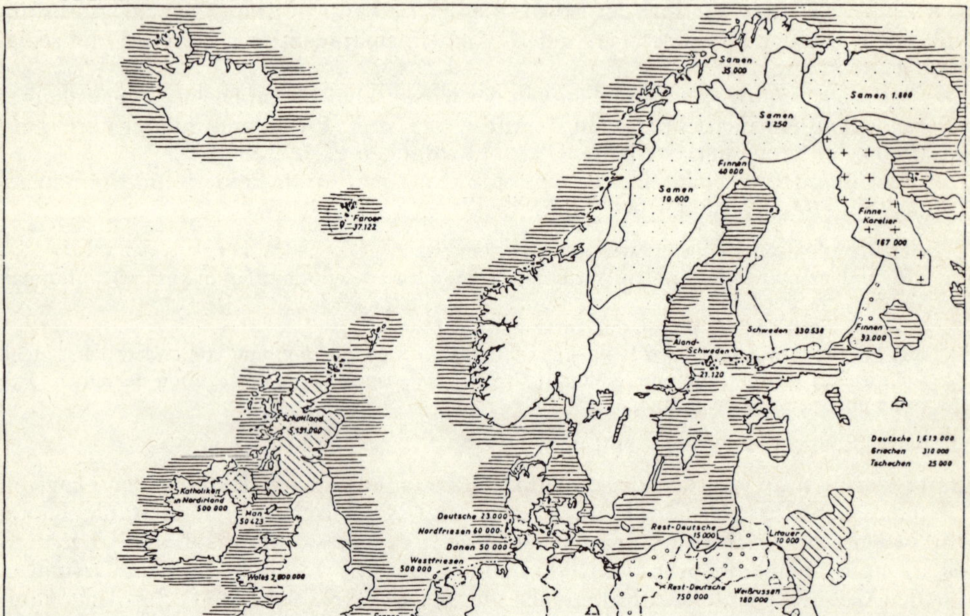

(aus: Handbuch der europäischen Volksgruppen, hrsg. von M. Straka, Wien und Stuttgart 1970)

Ethnische Gruppen transportieren ihre Musik auch über weite geographische Zonen hinweg und halten bei Vertreibung oder Wanderung mit erstaunlicher Beharrlichkeit an ihren kulturellen Traditionen fest: diese helfen mit, die Identität (das Zusammengehörigkeitsgefühl) der ethnischen Gruppe zu bewahren und immer wieder neu zu festigen.
Die Skizze zeigt fast ausnahmslos politische Problemzonen der europäischen Geschichte und Gegenwart auf. Zum großen Teil werden sie heute unter dem Stichwort *„Regionalismus"* diskutiert (vgl. Gerdes: Aufstand der Provinz, 1980), und aus den meisten Regionen wird in der Presse fast täglich über Unruhen, Anschläge und Demonstrationen berichtet, die in Zusammenhang mit Autonomiebestrebungen stehen. Bei den weiteren Erörterungen wird auf den Begriff der Volksgruppe verzichtet, da er politisch „besetzt" ist. Insbesondere gibt die Verkündigung eines „Rechts auf Heimat" dem Begriff einen Drall, der eine vorurteilsfreie Handhabung in ja jeweils sehr verschiedenen politischen Zusammenhängen nicht mehr zuläßt.
Der Begriff der ethnischen Gruppe wird daher bevorzugt; er ermöglicht auch in der Regionalismusdebatte kontroverse Standpunkte.
Die Skizze ist auch in musikalischer Hinsicht aufschlußreich: Sie weist auf die wohl *wichtigsten Gegenden europäischer Musikfolklore* hin. Offenbar spielt im Leben der ethnischen Gruppen die Musik eine wichtige Rolle, da Musik, Lied und Tanz gemeinsamen Anliegen und Empfindungen symbolhaften Ausdruck geben können, ohne daß politische Institutionen und Behörden wirkungsvoll dagegen vorgehen können. Es gibt zwar immer wieder Verbote für Lieder mit politischen Aussagen und gegen Liedsänger, die musikalischen Protest artikulieren; aber verbieten läßt sich Musik nicht, vielmehr tragen gerade Zensur und Verbote zu ihrer Verbreitung bei.
Die Einschränkung der „ethnischen Gruppe" auf nationale Minderheiten ist mit Blick auf die weißen Flächen der Skizze zu kritisieren. Denn auch die nationale Majorität rekrutiert sich aus Angehörigen bestimmter ethnischer Gruppen, die mit entsprechenden kulturellen Traditionen identifizierbar sind.
Für ein hochindustrialisiertes Land wie die Bundesrepublik mit den entsprechenden Arbeits- und Freizeitgewohnheiten sowie mit den starken Einflußnahmen der Kulturindustrie wird die Musikfolklore nur unter Einschluß industrieller Verwertungsformen zu definieren sein. Das bedeutet, daß dem Begriff der ethnischen Gruppe der der medialen Zielgruppe an die Seite zu stellen ist, worauf im nachfolgenden Abschnitt näher eingegangen werden soll.
Mit Bezug auf Beschreibungsweisen der Gruppensoziologie beschreibt der Ethnomusikologe Max Peter Baumann die ethnische Gruppe als relativ überschaubares, in sich differenziertes Gebilde:

> „Mit dem Begriff der musikethnischen Gruppe werden alle jene Gruppen umschrieben, deren Mitglieder sowohl Träger musikbezogenen Handelns als auch Träger musikalischer Werte im Bereich von Folklore und Folklorismus sind und die sich im Hinblick auf ihre musiksprachlichen und traditionalen Inhalte und Besonderheiten von anderen, ähnlichen Gruppen unterscheiden. Die musikethnische Gruppe ist bestimmt durch das Wir-Bewußtsein in der Selbstabgrenzung nach außen und in der Akzeptierung dieser Grenzen von außen" (Baumann 1976, S. 68).

Wesentlich für das Zustandekommen von Gruppen sind erstens ein Zusammengehörigkeitsgefühl und zweitens die Tatsache, daß es sich um relativ dauerhafte Beziehungen handelt. Allein die ethnische Basis reicht für die Verhältnisse der Bundesrepublik nicht aus für die Entwicklung eines nach innen wie außen abgrenzenden Wir-Gefühls. Dafür sind die Beziehungen innerhalb eines relativ einheitlichen ethnischen Rahmens zu differenziert.

Wesentlicher sind in diesem Kontext die soziographischen Daten, mit denen die Bevölkerungsstruktur beschrieben werden kann: insbesondere Alter, Geschlecht, Schulbildung und Sozialstatus, der mit der beruflichen Tätigkeit korreliert.
Die Jugend-Media-Analyse 1980 stellt beispielsweise deutsche Volksmusik und ausländische Volksmusik in den Kontext der übrigen von Jugendlichen bevorzugten Musikarten. Dabei sind Unterschiede beim Geschlecht und in den Altersgruppen zu beobachten (aus Fohrbeck/Wiesand 1982, S. 203):

b) Bevorzugte Musik der Jugendlichen (in %)	Alle Jugendlichen 12–21 J.	Geschlecht		Altersgruppen		
		Jungen	Mädchen	12–14 J.	15–17 J.	18–21 J.
Disco-Sound	60	54	65	68	62	51
Rock und progressive Pop-Musik	52	59	45	47	56	43
Beat und Oldies	51	51	51	40	52	59
Jazz	19	20	19	16	19	23
Deutschsprachige Schlager	29	26	33	37	24	27
Fremdsprachige Schlager	51	46	57	62	49	44
Evergreens	27	23	32	24	24	32
Deutsche Volksmusik	11	11	12	14	8	10
Ausländische Volksmusik	17	14	21	13	16	23
Chansons	16	13	20	7	15	25
Politische/Protestlieder	16	18	14	6	18	23
Melodien aus Musicals	20	12	28	16	21	23
Orchester-Tanzmusik	16	14	18	17	15	15
Klassische Musik	22	19	26	14	21	30
Oper, Operetten	7	4	11	5	7	9
Mehrfachnennungen ∅ (bei 15 Musikrichtungen)	4,1	3,8	4,5	3,9	4,1	4,4

Bei den musikalischen Präferenzen von Rundfunkhörern ergab sich unter den Hörern des Bayerischen Rundfunks eine durchaus typische, nach Altersgruppe und Schulbildung vorgenommene Differenzierung, in der auch verschiedene Richtungen der Volksmusik unterschiedlich plaziert sind (ebd., S. 212):

Musikalische Präferenzen („U-Musik") von Rundfunkhörern 1980
(Hörer des Bayerischen Rundfunks nach Alter und Schulbildung)

Musikarten (Antwortvorgaben) in % der Befragten	Gesamt	Altersgruppen						Schulbildung			
		14–19 J.	20–29 J.	30–39 J.	40–49 J.	50–59 J.	über 60 J.	Volksschule ohne Lehre	Volksschule mit Lehre	Mittel-/Fach-obersch.	Abitur/Univ.
Basis (gewichtet) abs.	1969	226	358	329	319	309	425	533	793	428	215
Volkstümliche Musik	55	12	29	50	69	73	80	70	65	34	23
Aktuelle deutsche Schlager	52	48	54	61	54	52	46	62	58	43	25
Traditionelle bayerische Volksmusik	51	9	20	48	69	69	76	65	59	32	26
Evergreens	46	18	27	41	60	62	59	51	53	35	29
Instrumentale Tanzmusik	45	18	38	52	57	57	40	45	49	43	31
Märsche, Blasmusik	43	9	18	35	57	63	63	57	53	22	13
Volkslieder in hochdt. Sprache	37	8	12	26	42	49	67	46	40	24	27
Deutsche Liedermacher	33	39	45	36	29	29	22	26	28	43	49
Operetten, -Ausschnitte	33	4	17	30	34	48	54	32	35	32	34
Aktuelle englischspr. Schlager	30	65	58	41	18	8	4	23	29	42	28
Country and Western	28	45	45	41	23	17	7	22	29	35	25
Rock'n'Roll	28	58	51	41	17	8	5	22	28	32	30
Oldies deutsch	28	17	30	38	30	34	20	28	32	27	17
Musicals	27	18	23	28	29	29	29	20	24	34	37
Oldies international	26	58	58	30	11	8	4	19	21	37	43
Pop und Rock	23	73	51	21	7	2	1	16	18	35	36
Deutsche u. ausl. Chansons	23	13	24	30	22	27	19	15	20	28	42
Unterhaltungsorchester	23	8	18	20	31	31	28	19	25	26	25
Internationale Songs	22	22	32	33	22	16	8	16	20	27	31
Disco-Sound	20	52	41	20	8	6	3	17	17	27	21

Musikarten (Antwortvorgaben) in % der Befragten	Gesamt	Altersgruppen 14–19 J.	20–29 J.	30–39 J.	40–49 J.	50–59 J.	über 60 J.	Schulbildung Volksschule ohne Lehre	Volksschule mit Lehre	Mittel-/Fach-obersch.	Abitur/Univ.
Basis (gewichtet) abs.	1969	226	358	329	319	309	425	533	793	428	215
Amerikanische Liedermacher	17	35	39	21	6	5	2	9	12	26	38
Traditionelle ausl. Volksmusik	17	8	17	20	21	17	16	12	15	19	30
Dixieland und Swing	16	22	21	22	17	15	5	7	13	28	28
Moderner Jazz	10	19	16	12	9	4	2	6	6	15	24
Außereuropäische Musik	7	10	9	6	7	4	6	4	6	6	17
Keine Angabe	1	–	1	0	1	1	4	1	2	0	2
Insg. (Mehrfachnennungen)	741	688	794	803	750	734	670	710	757	752	731

Schließlich gibt es regionale und auch innerstädtische Differenzierungen, wie beispielhaft einer Erhebung zur städtischen kulturellen Infrastruktur und musikalischen Vereinigungen in Bremen entnommen werden kann (ebd., S. 226):

Städtische kulturelle Infrastruktur und musikalische Vereinigungen am Beispiel Bremen – 1978/79
(Angebote, Räumlichkeiten, Vereine etc. nach Zentrumsnähe und „Stadtteilmilieu")
Diese für den Senator für Wissenschaft und Kunst/Bremen erstellte Untersuchung weist erhebliche Konzentrationen öffentlicher und privater kulturell-musikalischer Angebote in der Innenstadt (und größere Defizite z. B. in Neubauvierteln) nach. Zum Teil wird dies in Bremen wie in anderen Städten von Vereinen und Initiativen wieder ausgeglichen.

		Stadtgebiet Bremen insg. abs.	in %	Stadtbezirke (abs.) Bremen-Mitte	Andere Bezirke	City	„Stadtmilieu" (abs.)[1] Bürger-viertel	Handw./Arbeiter-viertel	Neubau-viertel
Zum Vergleich:	abs.	561	100%	87	474	16	92	304	134
Einwohnerzahl	in %	100%	–	16%	84%	3%	16%	54%	24%
A. Kommunale Kultur-	abs.	180		56	124	32	39	68	38
angebote insg.	in %	100%	100%	31%	69%	18%	22%	38%	21%
darunter (Auszug abs.)									
– Theater		6	3%	4	2	3	1	2	–
– Konzerträume		16	9%	12	4	10	4	1	1
– Musikschule (Geb./Räume)		71	39%	17	54	3	18	30	19
B. Sozio-Kultur-	abs.	133		28	105	10	25	67	30
Angebote insg.	in %	100%	100%	21%	79%	8%	19%	50%	23%
darunter (Auszug abs.)									
– Weiterbildungseinr.		19	14%	7	12	3	5	7	4
– Jugendfreizeitheime		21	16%	1	20	–	2	15	3
– Altentagestätten		33	25%	5	28	1	6	19	7
C. Private/Kirchl. Musik-	abs.	335		91	244	60	49	190	37
Infrastruktur	in %	100%	100%	27%	73%	18%	15%	57%	11%
darunter (abs.)									
– Musikkneipen		12	4%	10	2	6	4	1	1
– Discotheken		32	10%	20	12	16	4	12	–
– Tanzschulen		12	4%	10	2	6	4	2	–
– Kartenvorverkaufsstellen		8	2%	6	2	4	11	1	–
– Kirchen (m. Gemeindesälen)		106	32%	17	89	7	22	59	25
– Gaststätten (m. Vereinsräumen)		165	49%	28	137	21	4	115	11
D. Musikalische Vereine	abs.	391		76	315	47	43	213	61
und Initiativen[2]	in %	100%	100%	19%	81%	12%	11%	55%	15%
darunter (abs.)									
– Ernste Musik/Kirchenmusik		114	29%	23	91	11	14	62	24
– Jazz[3]		17	4%	5	12	2	4	1	–
– Rock/Pop		22	6%	8	14	7	1	13	1
– Unterhaltungsmusik[3]		23	6%	4	19	3	2	10	4
– Volksmusik		79	20%	14	65	9	9	46	12
– div. Musikarten		27	7%	4	23	3	2	18	2
– Musikart nicht bekannt[3]		97	25%	15	82	12	8	57	15
– Volks-/Ges.-Tanz/Ballett		12	3%	2	10	–	3	6	3

1) ohne zwei „Mischviertel" mit 3% der Bevölkerung, keinen nennenswerten öffentlichen oder privaten Musikangeboten und 13 musikalischen Vereinen. Die Kategorisierung erfolgte hier nach demographischen bzw. sozio-geographischen Daten der amtlichen Statistik.
2) 60% von insgesamt 647 in der Untersuchung erfaßten Gruppen und Vereinen (431 Gruppen beantworteten einen Fragebogen, woraus sich bei ca. zwei Dritteln eine entscheidende Rolle der Kirchen als Träger oder Raumanbieter für die Vereinigungen ergab).
3) 9 Gruppen bei Jazz, 2 bei Unterhaltungsmusik und 3 bei „Musikart unbekannt" waren den Stadtteilen nicht zuzuordnen.

Übrigens gerät man unversehens in definitorische Schwierigkeiten, wenn man die soziale Differenzierung unserer Gesellschaft in eine Beschreibung der Musikfolklore einbezieht. Denn die Musikfolklore rückt dann leicht in die Nähe anderer musikalischer Präferenzen der entsprechenden sozialen Gruppen, insbesondere in die Nähe des politischen Liedes. Denn auch dort geht es um „selbsterfahrene gesellschaftliche Wirklichkeit", um „berechtigte eigene Interessen, die mit Vorstellungen von einer humaneren Gesellschaft" „Zusammenhänge um eigene produktive Fähigkeiten" (aus dem Vorwort von Annemarie Stern zur Sammlung *Lieder aus dem Schlaraffenland*. Politische Lieder der 50er–70er Jahre).

Eine Frage ist, ob eine weitere Differenzierung innerhalb einer Sprachenfamilie über Dialekte und sogenannte Mundartenlandschaften im Hinblick auf die Musikfolklore ergiebig ist. Bei Mundartenliedern bietet sich diese Differenzierung quasi von selbst an, und eine Untersuchung des Sing- und Musizierrepertoires sowie der Volkstänze der verschiedenen deutschen Mundarten deckt durchaus sich voneinander absetzende

Die deutschen Mundarten um 1930
nach: A. Bach: Geschichte der deutschen Sprache. Heidelberg [4]1949, S. 77

Musiklandschaften auf. Seit Entstehung zweier souveräner Staaten auf dem Gebiet des Deutschen Reiches von 1937 und den vorgenommenen Grenzveränderungen der Sowjetunion und Polens dürften aber die Mundartgebiete gegenüber dem Stand von 1930 deutlich verändert sein.
Heute überdeckt die Musikindustrie die gesamte folkloristische Musikpraxis und macht regionale Sonderentwicklungen auf einen Schlag landesweit publik. Im Interesse der ökonomischen Verwertung der Musikfolklore liegen deren verallgemeinerbare, bequem konsumierbare, einem Majoritätenpublikum zugängliche Züge, nicht die differenzierenden Momente.
Auf eine Konsequenz sei hingewiesen, die sich aus der Absicht ergibt, Musikfolklore auf die sie tragenden ethnischen Gruppen zurückzuführen. Eine solche Betrachtungsweise führt zu erheblich differenzierteren Einsichten in die Musikfolklore der einzelnen Länder, als sie etwa durch Folklore-Workshops für Jugendliche und durch Konzertveranstaltungen mit Volksmusik vermittelt werden.
So leben beispielsweise in Nordamerika als klar unterscheidbare ethnische Gruppen Angelsachsen, Iren, Deutsche, Italiener, Juden, Neger, Mexikaner, Japaner, Russen, Spanier, Tschechen, Polen, Griechen, Chinesen usw. (vgl. Feagin 1978). Diese besitzen und pflegen je eigene musikalisch-kulturelle Traditionen, besonders dann, wenn sie an der Sprache ihres Herkunftslandes weiterhin festhalten. Angesichts dieses weiten Spektrums der – auch musikalischen – Folklore ist die Beschränkung nordamerikanischer Folklore auf die Richtung, die durch die Sänger repräsentiert wird, die bei den Newport-Folk-Festivals der sechziger Jahre aufgetreten sind (Pete Seeger, Joan Baez, Bob Dylan u. a.), unangemessen. Eine derartig verengte Sicht amerikanischer Musikfolklore konnte in der Bundesrepublik auch nur entstehen, weil die Musikindustrie lediglich in dieser Facette Marktchancen sah und verfolgte.
In der Bundesrepublik lebt ebenfalls eine Vielzahl von Bevölkerungsgruppen unterschiedlicher Herkunft, wobei die Gastarbeiter vor allem in bestimmten städtischen Regionen zu einer besonders farbigen Szene beitragen. 1980 lebten in der Bundesrepublik Deutschland einschließlich West-Berlin insgesamt 61 560 000 Einwohner.
An Bevölkerungsgruppen leben in der Bundesrepublik (laut Fischer Weltalmanach '82, Frankfurt 1981, S. 255):

- über 30 000 Dänen in Schleswig-Holstein
- 35 000 bis 40 000 Sintis oder Romas (Zigeuner)
- 4,144 Millionen Ausländer (6,42 Prozent), davon insgesamt 2,00 Millionen Arbeitnehmer, unter anderem:
  - 1 462 400 Türken
  - 631 800 Jugoslawen
  - 617 900 Italiener
  - 297 500 Griechen
  - 219 700 Asiaten
  - 180 000 Spanier
  - 119 000 Österreicher
  - 112 300 Portugiesen
  - 106 000 Niederländer
  - 103 400 Afrikaner
  - 74 000 Amerikaner
  - 67 000 Engländer
  - 65 000 Franzosen
  - 51 000 Polen

Die Ausländer sind unterschiedlich stark integriert. Ohne Zweifel trägt die musikalische Folklore zum Gefühl kultureller Identität dieser ethnischen Gruppen bei. (Vgl. den Beitrag von Irmgard Merkt hierzu in diesem Band.)

IV. Existenzweisen der Musikfolklore

Volksmusik oder Musikfolklore – zwischen diesen Begriffen wird in diesem Buch ja kein Unterschied gemacht – lebt heute zwischen zwei Polen: auf der einen Seite im unmittelbaren Lebenszusammenhang unter den Bedingungen der sozialen Existenz des Menschen und auf der anderen Seite über die technischen Medien unter den ökonomischen Bedingungen des Marktes. Entsprechend kann idealtypisch differenziert werden zwischen authentischer Folklore und Unterhaltungsfolklore. (Vgl. auch die Ausführung über 3 × Blasmusik weiter unten.)

Für die *authentische Musikfolklore* ist ein enger Zusammenhang der Musizierweisen, Lieder und Tänze mit den Lebensgewohnheiten der jeweiligen ethnischen und sozialen Gruppe charakteristisch. Die Musik vollführt wichtige Funktionen im sozialen Leben der Gruppenzugehörigen und wird von diesen im Feld des unmittelbaren Miteinanders, der direkten Kommunikation und Interaktion, erfahren. Der Ursprung im Ritus und in religiösen Bräuchen ist vielfach noch spürbar. Die volkstümliche Musik wird sowohl individuell als Ausdruck und zur seelischen Verarbeitung von Gefühlen (Liebe, Freude, Kummer, Enttäuschung usw.) als auch sozial in Funktionen des Gemeinschaftslebens (vor allem bei Festen) genutzt. Das weiter oben schon herausgearbeitete zentrale Merkmal der Variabilität ermöglicht es, das volkstümliche Musiziergut der jeweiligen Situation anzupassen, was umgekehrt den Liedern, Melodien, Texten, Tanz- und Musizierweisen ihre Lebendigkeit gibt.

Die *Unterhaltungsfolklore* steht in einem qualitativ und quantitativ völlig andersartigen Zusammenhang zum Leben derjenigen, die an ihr teilhaben. Die für Unterhaltungsfolklore wesentlichen Momente der Vorführung und des Verkaufens haben zur Folge, daß die Folklore aus ihren ursprünglichen Zusammenhängen herausgenommen wird. Bedingungen des Marktes werden berücksichtigt.

Das volkstümliche Musiziergut wird durch Arrangement und Aufnahmetechnik auf Zielgruppen abgestimmt. Die ursprünglichen, im Ritus begründeten Situationen werden ersetzt durch Unterhaltungs- und Amüsiersituationen, deren Bedürfnis sich aus den Arbeits- und Lebensbedingungen in einer fortgeschrittenen Industriegesellschaft herleiten lassen und die mit der Regenerierungsfunktion der Freizeit einhergehen. Wie die anderen Konsumangebote der Kulturindustrie, die ja auch Glücksindustrie genannt wird, spielt die Unterhaltungsfolklore im technisch vermittelten Bereich der indirekten Kommunikation, bei der die Musikausübenden nur auf dem Weg über Besucher- oder Verkaufszahlen und die Einschaltquoten der Rundfunk- und Fernsehnutzer den Erfolg ihrer Tätigkeit erfahren. An die Stelle der konkreten sozialen Situationen, in denen authentische Volksmusik lebt, treten das Image der Musikausübenden (Solist oder Gruppe) und der Sound des industriellen Fertigprodukts Unterhaltungsfolklore. Das zentrale Merkmal der Variabilität der authentischen Folklore wird also genutzt, um unter der Voraussetzung der Unterhaltungsfunktion eine möglichst gute Verkäuflichkeit zu erzielen: die Arrangements werden in der Regel komplexer, raffinierter, auf ansprechenden Sound getrimmt, oft auch in der vokalen und instrumentalen Ausführung ausgesprochen virtuos und kunstvoll.

Für erfolgreiche Unterhaltungsfolklore ist ein Trend zur Professionalisierung der Ausübenden unübersehbar.

Authentische Musikfolklore und Unterhaltungsfolklore sind gewiß Idealtypen, zwischen denen in Wirklichkeit nur Mischformen existieren.

Einige Plausibilität spricht außerdem dafür, daß authentische Folklore in Industriegesellschaften, abgesehen vielleicht von einigen ländlichen *„Rückzugsgebieten“*, überhaupt nicht mehr möglich ist. Stets treffen wir hier und heute auf formalisierte Unterhaltungsbedürfnisse, die in unseren Arbeits- und Lebensbedingungen begründet sind.

Besonders deutlich wird dies, wenn man einmal von der Annahme ausgeht, die ehemals zentrale Dorfgemeinschaft finde in der Industriegesellschaft ihre Entsprechung in den Vereinen. Diese Annahme mag mit einigen Einschränkungen zutreffen, jedoch ist der Stellenwert der Vereine im Vergleich zu den Funktionen einer Dorfgemeinschaft erheblich reduziert. Während letztere sämtliche Lebensbereiche umfaßte, spielen Vereine fast ausschließlich eine Rolle für die Freizeit und dienen damit der Wiedergewinnung von Arbeitskraft.

Mit dem Rückgang der authentischen Musikfolklore in Industriegesellschaften dürfte auch die Tatsache zusammenhängen, daß die ethnischen Gruppen nur noch die allgemeinen Bedingungen der Musikfolklore vorgeben (Sprache und grundlegende Musiksozialisation), die Differenzierung dieses Bereichs jedoch nicht erklären können. Letztere kann nur über eine Differenzierung der Zielgruppen nach den üblichen demographischen Merkmalen des Alters, Geschlechts, der Schulbildung, des Sozialstatus usw. geleistet werden.

In diesem Zusammenhang sei darauf hingewiesen, daß beispielsweise die Begriffe Volksmusik und Musikfolklore von verschiedenen Zielgruppen unterschiedlich verwendet und auch inhaltlich differenziert aufgefaßt werden, obwohl keine eindeutige begriffliche Unterscheidung getroffen werden kann. Entsprechend dieser Sprachgewohnheit spricht „Volksmusik“ im Sinne der Musik, die in populären Fernsehsendungen wie im Blauen Bock geboten wird, andere Zielgruppen an als die „Folkmusic“ von Gruppen wie Fiedel Michel, Ougenweide, Liederjan und espe.

Neben den Existenzformen der authentischen Folklore und der Unterhaltungsfolklore ist eine dritte zu beschreiben: die *pädagogische Existenz der Volksmusik.*

Der Bereich der Schule ist deutlich abgehoben von den Lebenszusammenhängen, in die Musik sonst eingebunden ist. Insofern wäre es eine Überforderung, originale Erscheinungsformen der Volksmusik in der Schule nachvollziehen zu wollen. Die „Folklore aller Welt“ ist in der Schule allenfalls in wenigen Ausschnitten und aus den sie gesellschaftlich konstituierenden Zusammenhängen herausgelöst zu reproduzieren. Jede andere Annahme ist illusionär.

An die Stelle der ursprünglichen Funktionen – sowohl der authentischen als auch der Unterhaltungsfolklore – treten in der Schule *pädagogische Zielsetzungen:* Erscheinungsformen aus zahlreichen Regionen Europas und Amerikas, soweit sie im Rahmengefüge unserer Musiksozialisation zugänglich sind oder zugänglich gemacht werden können, stellen ein außerordentlich reichhaltiges Anregungspotential für unser eigenes musikalisches Handeln dar. Dies bedeutet im einzelnen: Sie bieten Jugendlichen wie Erwachsenen ein Musiklernen und motivierende Identifikationsmöglichkeiten an.

Sie ermöglichen über die Musik ein persönliches Engagement und können Impulse für die Reflexion von Funktionen und Wirkungen der Musik geben.

Erscheinungsformen der Musikfolklore helfen unseren musikalischen Horizont erweitern, da das Spektrum der Instrumente, Melodien, Rhythmen, Bewegungsformen usw. das unserer gewohnten Ausdrucksmittel weit überschreitet.

Sie regt eine spontane, wenig in Konventionen befangene Umsetzung von Musik in Bewegung an.

Musikfolklore ermutigt zur eigenen musikalischen Betätigung, da sie auch ohne aufwendigen Sound und Barrieren setzende hohe instrumentale Fertigkeiten leben kann.

Sie gibt Möglichkeiten sowohl des individuellen emotionalen Ausdrucks als auch der Artikulation sozialer wie politischer Probleme und Zustände vor. Soweit Musik von Gastarbeiterkindern einbezogen ist, kann Musikfolklore einen begrenzten Beitrag zur Integration der bei uns lebenden und arbeitenden ausländischen Bevölkerungsgruppen leisten.

Schließlich stellt sie so etwas wie eine Antwort auf die von den technischen Medien mit der Musik vermittelten Verhaltensgewohnheiten dar, indem Konsum ersetzt wird durch eigenständige Formen der aktiven Aneignung.
Die pädagogische Existenz der Volksmusik hat ihre problematischen Seiten, die wenigstens kurz angesprochen werden sollen.
Zum einen liegt die Gefahr nahe anzunehmen, daß die in der Schule praktizierte Musikfolklore tatsächlich mit dieser identisch sei: dies dürfte sowohl musikalisch als auch in den individuellen und sozialen Funktionen, in denen Musikfolklore normalerweise steht, nicht möglich sein. Zum anderen wird allzu leicht ein Ausschnitt der oft ja fremden Musikkultur, der eben pädagogisch zubereitet wird, für das ganze genommen; insofern entsteht leicht ein schiefes Bild.
Darüber hinaus hat der Musikunterricht an den Schulen immer, wie die Geschichte bis in die jüngste Vergangenheit zeigte, Volksmusik auf ein Bild zurechtgeschnitten, wie es pädagogisch erwünscht war. So wurde das Volkslied als Schullied letztlich im Sinne einer Bewahr- oder Heile-Welt-Pädagogik gereinigt, ausgewählt, ergänzt, wenn man so will auch vergewaltigt; denn sowohl erotische als auch politische Inhalte wurden ausgeklammert, obwohl sie seit erdenklichen Zeiten immer dazugehörten. (Vgl. Vorwort Liedermagazin 1980, S. 10–13.)
Entsprechend den heute allgemein akzeptierten allgemeinen Zielsetzungen des Musikunterrichts an Schulen geht es demgegenüber um die volle Vergegenwärtigung der Bedingungen, unter denen unsere Schüler lernen, arbeiten und leben müssen; speziell gilt es, auf die Situation zu reagieren, in der sie musikalisch geformt werden. Musikfolklore ermöglicht qualitativ andersartige – im Vergleich zum Wirken der Musikmedien Hörfunk, Fernsehen, Schallplatte und Kassette stärker handlungsorientierte – musikalische Verhaltensweisen.

Unterricht

Überblick über die Musikfolklore ausgewählter Regionen mit Musiziervorschlägen

Günter Kleinen

Ausgewählt wurden die Regionen, weil die dort existierende Musikfolklore bei uns bekannt ist und für uns Zugangschancen bestehen. Die Zugangsmöglichkeiten sollen sich auch auf das eigene Musizieren beziehen, obgleich, soweit irgend erreichbar, Schallplattenaufnahmen hinzugezogen werden sollten. Auch aus fernen Ländern treten in der Bundesrepublik Musikgruppen und Einzelsänger auf, die uns einen authentischen Eindruck der Musik vermitteln können. Das gilt insbesondere für Mittel- und Südamerika, da zahlreiche Musiker aus politischen Gründen im europäischen Exil leben. Aus Nordamerika reisen ebenfalls viele Vertreter der Folklore-Szene nach Europa, schon allein, um Promotion für ihre Platten zu machen. Und für die übrigen europäischen Länder gilt, daß über die Gastarbeiterfamilien authentische Musiker oft in greifbarer Nähe sind.

I. Südamerika

Der Erdteil Südamerika umfaßt vom Panama-Kanal bis zur Straße von Magellan über eine Entfernung von rund 7500 Kilometern die heutigen Staaten Panama, Venezuela, Guayana, Kolumbien, Ecuador, Peru, Brasilien, Bolivien, Chile, Paraguay, Uruguay und Argentinien mit insgesamt rund 190 Millionen Einwohnern.

Aus der wechselvollen Geschichte, die den Erdteil als ganzes geformt hat, sei an zwei grundlegende Geschehnisse erinnert: Als vor rund 450 Jahren die Konquistadoren vom südamerikanischen Kontinent Besitz ergriffen, stießen sie auf drei hoch entwikkelte politische und kulturelle Systeme, die Reiche der Mayas, Inkas und Azteken, sowie auf eine unübersehbare Vielfalt von Stammesgruppierungen der Ureinwohner. Die europäische Kolonisierung und Christianisierung haben die blutige Zerschlagung der politischen Organisation und die weitgehende Vernichtung der vorgefundenen eigenständigen Kulturen zur Folge gehabt. Eine eigenständige kulturelle Entwicklung des Erdteils wurde fortan unterbunden.

Das weitere gravierende Faktum ist mit der über 350 Jahre dauernden Geschichte der Sklaverei in Mittel- und Südamerika benannt. Sie schlägt sich in der bunten Vielfalt ethnischer Gruppen und der Mischungen zwischen Ureinwohnern, Europäern und Afrikanern nieder.

Entsprechend ist die Musikfolklore durch sehr verschiedenartige Erscheinungsformen gekennzeichnet: Die ethnischen Gruppen haben ihre je verschiedenen eigenen Kulturen; darüber hinaus aber sind mannigfache Mischformen zu beobachten. Nur sehr vereinzelt und in geographisch unzugänglichen Regionen konnten sich Musikformen der präkolumbianischen Zeit bis auf den heutigen Tag erhalten, und die offizielle Kulturpolitik der südamerikanischen Staaten hat bis vor wenigen Jahren dadurch, daß lediglich die europäische Kultur als solche akzeptiert wurde, die Reste der eigenständig südamerikanischen Kulturen unterdrückt, so daß die Musiken der verschiedenen ethnischen Gruppen keineswegs gleichrangig im öffentlichen Leben und Bewußtsein repräsentiert sind. (Vgl. Schreiner 1982.)

Da die Musikfolklore in den Ländern Südamerikas sehr vielfältig und auch verschiedenartig ist, sei hier ein Land herausgegriffen: *Argentinien*. Von seinen 30 Millionen Einwohnern sind etwa 90 Prozent europäischen Ursprungs. Ein Drittel der Bevölkerung lebt in der Hauptstadt Buenos Aires, die beiden anderen Drittel am Rio de la Plata und über das elfmal wie die Bundesrepublik Deutschland große Land verstreut. Die ungefähr eine halbe Million Indianer gehören verschiedenen Stammesgruppen an: Es sind dies die Toba, Chiriguano, Chane, Choroti, Mocovi, Pilaga, Collas und Mapuche.

Die Folklore des Landes geht zum großen Teil auf spanische Elemente zurück. Afrikanisches findet sich fast gar nicht, und indianische Einflüsse sind auf einige Siedlungsgebiete im Norden beschränkt: Im Nordosten an der Grenze zu Bolivien dominiert die Quechua-Kultur, an der Grenze zu Paraguay die Folklore der Guarani-Indianer.

Die verschiedenen ethnischen Gruppen haben sich für die heutige Musikfolklore des Landes unterschiedlich stark durchsetzen können. Der spanische und andere europäische Einflüsse haben analog zu den politischen Machtverhältnissen eine solche Wirkung, daß die indianischen Kulturen von ihnen überlagert und zum Teil auch überhaupt ausgemerzt worden sind.

Die Gitarre ist das wichtigste Instrument der argentinischen Folklore: 1670 wurde die spanische Vihuela, ein Vorläufer der modernen Gitarre, eingeführt, Anfang des 19. Jahrhunderts kam das Instrument in seiner heutigen Form nach Argentinien.

Ähnlich wie die Harfe, die die Jesuiten-Missionare bei den Guaranis im Norden des damaligen Vize-Königreichs Rio de la Plata eingeführt haben, ist die Gitarre in zahlreichen baulichen Varianten auch von den Indios übernommen worden und wird von diesen zusammen mit den Instrumenten aus präkolumbianischer Zeit verwendet: der Quena (Kena), dem Erkencho, den Sikus, der Tarka und der Bombo, womit aus der Fülle der Instrumente nur die wichtigsten benannt sind. Kena und Tarka sind Flöten mit Grifflöchern. Sikus sind Panflöten, Erkencho rechnet zur Oboenfamilie, und Bombo ist eine mit Schafs- oder Ziegenfell bespannte Trommel.

Schließlich sei noch aus der Gitarrenfamilie der *Charango* erwähnt: Sein Resonanzkörper besteht aus dem getrockneten Panzer eines Gürteltiers, die Saiten sind etwa halb so lang wie die der Gitarre. Und zwar haben die fünf Doppelsaiten folgende Stimmung:

Musikbeispiel 1 ist auf der Schallplatte „Flutes indiennes“ (Le Chant du Monde LDX 74448) zu hören, es stammt aus *Argentinien* und heißt „*Pito-Pito*“. (Pito ist eine Dreilochflöte mit zusätzlichem Überblasloch.) Sie wird mit Quena (sprich: Kena), einer begleitenden zweiten Quena, Charango, möglicherweise weiteren Gitarren und der Bombo gespielt. Der rauhe Klang der Quena, einer Kerbholzflöte, bei der Spieler gegen den Rand am oberen Ende des Bambusrohres blasen, ist deutlich verschieden von dem der uns geläufigen Blockflöte und hat auch stärkere Blasgeräusche als die Querflöte. Die Charango bringt nicht nur die Begleitakkorde, sondern strukturiert zusammen mit der dunkel klingenden Bombo den Tanzrhythmus.

Pito-Pito ist ein Bailecito, der ähnlich wie die weit verbreitete Samba und die Chacarera ein Paartanz ist. Zu Beginn und zwischen den Strophen erklingen anfeuernde

Rufe. Charakteristisch ist der schwebende Rhythmus, der sich aus der Überlagerung von Dreiviertel- und Sechsachteltakt ergibt. Genau betrachtet wird der Takt wie folgt unterteilt:

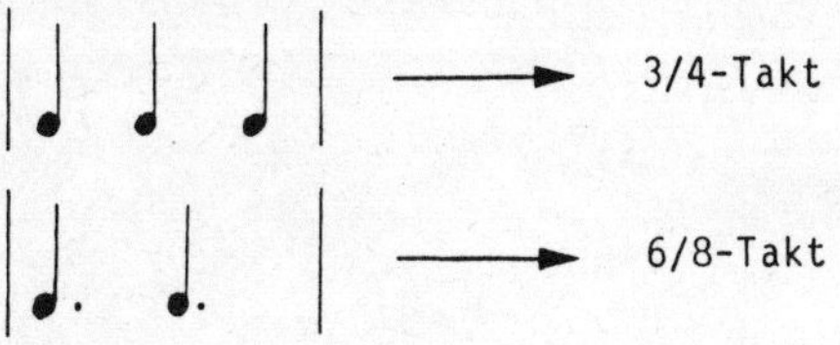

Hierfür der Vorschlag eines schulpraktischen Arrangements: Das von der Perkussionsgruppe gestaltete Vor- und Nachspiel läuft – von der Gitarre abgesehen – als Ostinato während des gesamten Stückes. Nacheinander werden am zweckmäßigsten Conga, Bongos, Gitarre, Claves und Guiro einstudiert, so daß ein Instrument zum anderen hinzutritt. In einer weiteren Übephase sollten Flötenmelodie, Gitarre und 2. Flötenstimme erarbeitet werden, in einer dritten Metallophon, Xylophon und Baß. Als Baß eignen sich übrigens sowohl E-Baß (auch akustische Gitarre), E-Piano (auch akustisches Klavier) oder Kontrabaß – sofern ein solcher zur Verfügung steht. Für den Gesamtablauf, der nach und nach zusammengestellt wird, sollte überlegt werden, wie viele Strophen gespielt werden und welche Instrumente in den einzelnen Strophen hervortreten oder pausieren sollen. Aus der Partitur müssen möglicherweise einzelne Stimmen herausgezogen werden, was das Musizieren merklich erleichtern kann.

Vorspiel + Nachspiel

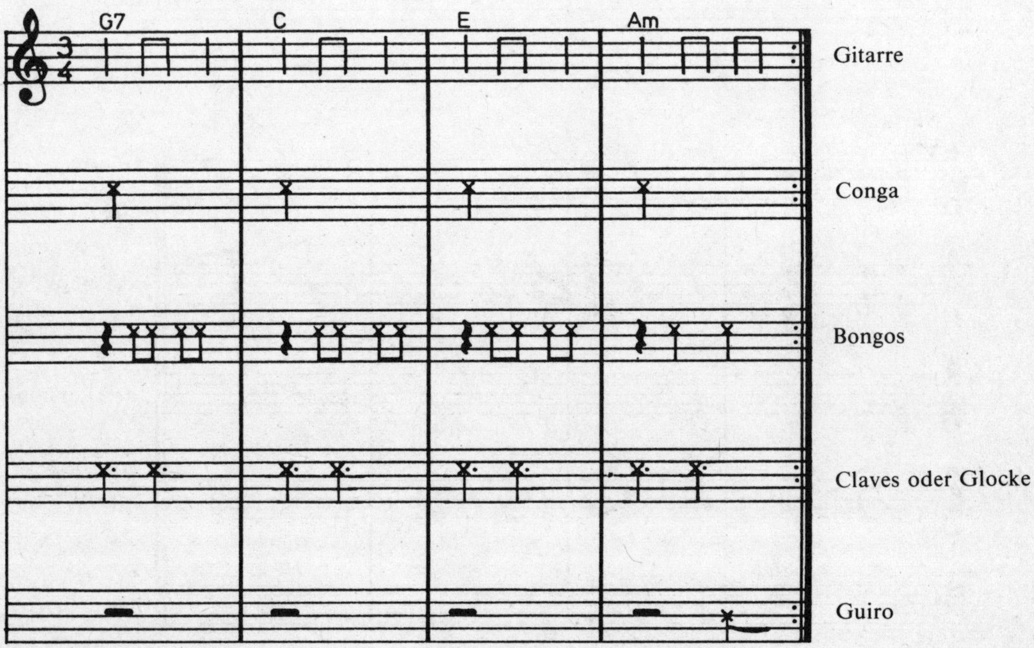

Pito-Pito

C
Am
G
C
Gitarre
Flöte
Xylophon
Metallophon
2. Flöte
Baß

C
Am
E
Am
Gitarre
Flöte
Xylophon
Metallophon
2. Flöte
Baß

Pito-Pito

Am
C
G
C
Gitarre
Flöte
Xylophon
Metallophon
2. Flöte
Baß

Dm
Am
E
Am
Gitarre
Flöte
Xylophon
Metallophon
2. Flöte
Baß

Musikbeispiel 2 ist bei uns auf vielen Schallplatten zu hören und sehr bekannt. *„El condor pasa"* ist über die gesamte Andenregion Südamerikas verbreitet.
Auch die Tatsache, daß diese textlose Musik von der europäischen Kulturindustrie zu Poptiteln und zur Kaffeewerbung verarbeitet worden ist, hat ihr nichts von ihrem eigenartigen Reiz nehmen können.
Die Gruppe Los Incas erinnert mit den einleitenden Flötenklängen, die in den Schlußtönen übrigens wieder aufgenommen werden, daran, daß die Musik der Inkas in präkolumbianischer Zeit vermutlich pentatonisch war: e', d', h, a, g, a, h, e. Halbtöne finden sich erst im Verlauf der Melodie, die von e-moll über G-dur nach C-dur wechselt und dann über G-dur und H-dur nach e-moll zurückkehrt. Auffallend ist der Kontrast, der durch einen heiter-ausgelassenen, raschen Schlußteil zur eher melancholischen Grundstimmung der Musik gesetzt wird.
Die Einleitung entfaltet musikalisch über anderthalb Oktaven die pentatonische Leiter mit den Haltetönen a, e und c. Das rhythmisch freie Spiel ist ungewohnt und bedarf daher besonderer Übung. Der rhythmische Ostinato setzt erst mit der eigentlichen Melodie ein. Falls es bei der Flötenmelodie im zweiten Teil Schwierigkeiten mit der Höhe gibt, empfiehlt es sich, das Spiel der Melodie auf zwei Flöten zu verteilen (F- und C-Flöte oder C-Flöte und Sopranino).

El condor pasa

Vorspiel, im Rhythmus frei zu spielen

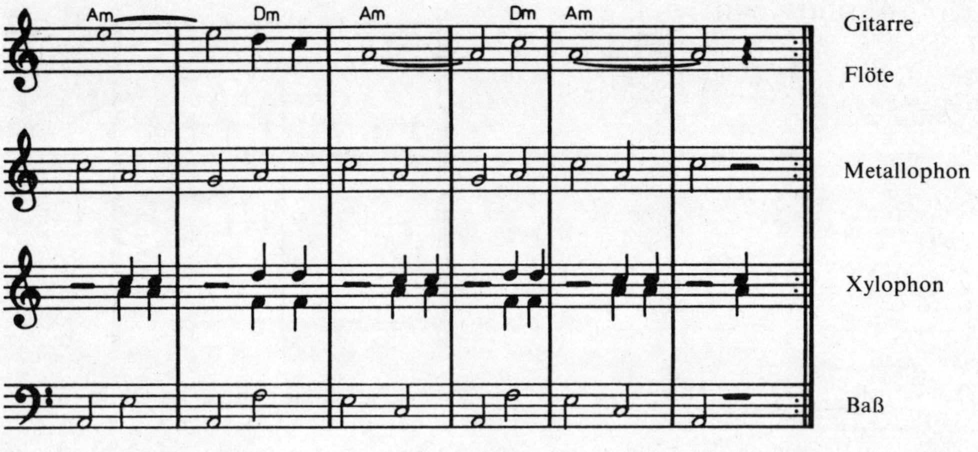
Am
Dm
Am
Dm
Am
Gitarre
Flöte
Metallophon
Xylophon
Baß

F
C
G
Flöte (2. Flöte)
Metallophon
Xylophon
Baß

Am
1.
2.
Dm
Am
Dm
Am
Flöte
Metallophon
Xylophon
Baß

RHYTHMISCHER OSTINATO:

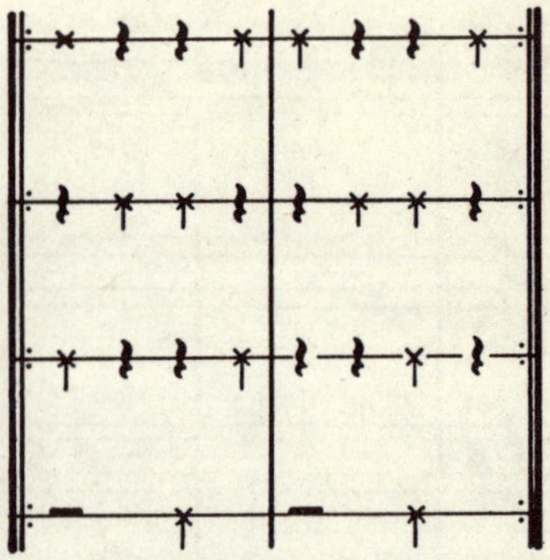

Das Musikbeispiel 3 sollte man sich von einer Plattenaufnahme anhören (Pläne 55801), es ist zum eigenen Musizieren, zumal in der Gruppe, ungeeignet. *„Basta Ya!"* gehört zur Bewegung des neueren politischen Liedes in *Argentinien*. Diese greift auf folkloristische Traditionen zurück und benutzt sie zu kritischen politischen Aussagen. *„Basta Ya!"* ist ein Lied des wohl einflußreichsten politischen Sängers Argentiniens, der wegen politischer Verfolgung zeitweise in Frankreich lebte: Atahualpa Yupanqui. Atahualpa war der letzte Inka-Herrscher, den Pizarro ermorden ließ, und so ist der Künstlername zugleich ein Programm des Engagements für die im Land politisch benachteiligten Indios.

„Er liefert kunstvolle, durchdachte und aufregende musikalische Gemälde der Weiten Argentiniens, der Schönheit seines Landes ebenso, wie seine Lieder Anklage gegen Diktatur und Unterdrückung in Lateinamerika erheben" (so der Text auf der Plattenhülle).

In *„Basta Ya!"* treten beide Seiten der Liedkunst Yupanquis in Erscheinung. Aus seiner einfühlsamen, eher resignativen Beschreibung sozialer Wirklichkeit wechselt das Lied zu einer nach vorne drängenden, auf politische Veränderungen dringenden Aufforderung an die Zuhörer.

BASTA!

Ach, schon kommt der Morgen,
die Hähne beginnen zu kräh'n.
Mein Freund, die Hähne verkünden,
daß der Tag beginnt.

Ach, beim Hin und Her meines Wagens
entstand dies klagende Lied.
Mein Freund, hör zu,
denn jetzt beginnt mein Vers.
Schutzlos leben wir . . .

Ich arbeite für den Fremden,
als Fuhrmann arbeite ich,
ich schwitze für ein paar Pfennig,
die man in der Hand nicht sieht . . .

Basta ya! Basta Ya!
Basta mit der Yankee-Herrschaft!

Er lebt im Palast, der Yankee,
in der Baracke hause ich!
Wie ist's möglich, daß der Yankee
besser lebt als ich?

Basta ya! Basta ya!
. . .

Was geschieht mit meinen Brüdern
in Mexiko und Panama?
Ihre Väter waren Sklaven,
ihre Söhne werden es nicht sein!

Basta ya! Basta ya!
. . .

Von klein auf hab' ich gelernt,
daß man kämpfen muß für den Frieden.
Als Erwachsener hab' ich's wiederholt,
und ins Gefängnis warf man mich.

Basta ya! Basta ya!
. . .

Wer hat den Krieg gewonnen
in den Bergen von Vietnam?
Der Guerrillero in seinem Lande,
aber der Yankee im Film.

Musikbeispiel 4 (als Plattenaufnahme sei empfohlen: CBS 62209) könnte schon zur nordamerikanischen Folklore überleiten.
Es ist das Lied „*Guantanamera*", gesungen von Pete Seeger während eines Konzertes in der New Yorker Carnegie-Hall am 8. Juni 1963.
Der spanische Text stammt von José Martin und bezieht sich auf die Gegend um Guantanamo auf *Kuba*. Die volkstümliche Melodie wurde 1928 von dem Kubaner Joseito Fernandez komponiert, der dem ursprünglichen Protestlied immer wieder neue Texte, die aktuellen Ereignissen Rechnung trugen, unterlegte.

„Mit anderen lateinamerikanischen Komponisten teilt Fernandez das Schicksal, als Autor seiner Guajira von den meisten Interpreten, die das Lied in den USA oder Europa aufnehmen, geflissentlich verschwiegen zu werden" (Schreiner 1982, S. 126).

Guajira ist ein kubanischer Tanzrhythmus und Liedtyp.
Die Aufnahme des Konzertmitschnitts fängt das persönliche Engagement Pete Seegers für die einfachen Kubaner, ihre Landschaft und allgemein für die Armen in der Welt gut ein und gibt die Renonanz unter den Zuhörern, die in den Refrain einstimmen, wieder. Die erläuternden Texte, die Seeger zu Beginn und zwischen Strophe 2 und 3 einfügt, geben dem Lied seine eindeutige Aussage.
Was das Lied jedoch den Kubanern, zumal wenn sie sich politisch angesprochen fühlten, bedeutete, dürfte von den Empfindungen und Gedanken der New Yorker Konzertbesucher sehr verschieden sein. Insofern stellt diese Aufnahme ein Beispiel dafür dar, daß Musikfolklore ohne weiteres aus einer Region in andere Länder verpflanzt werden kann, wobei die Bedeutung allerdings Wandlungen unterliegt – und das möglicherweise noch schwerwiegender als bei Pete Seeger. Liest man beispielsweise in einem weitverbreiteten bundesdeutschen Liederbuch als Übersetzung des Refrains: „Mädchen aus Guantanama, mein schönes Mädchen aus Guantanama", so rückt das Lied unversehens in Schlagernähe, und entsprechend ist das Lied ja auch von der Unterhaltungsbranche vermarktet worden.
Pete Seegers erläuternder Text und die drei von ihm gesungenen Strophen seien hier wiedergegeben:

„Jose Martin wurde 1853 geboren. Als er 17 Jahre alt war, war er in der kubanischen Befreiungsbewegung aktiv. Von der spanischen Regierung wurde er ins Exil geschickt. Die längste Zeit seines Lebens verbrachte er im Exil, davon zwölf Jahre in der Stadt New York. Er schrieb 70 Bücher, Lyrik, Novellen, Streitschriften. Er war einer der größten Schriftsteller der spanischen Sprache. Im Alter von 42 Jahren ging er zurück nach Cuba.
Hört eines seiner letzten Gedichte, bevor er umgebracht wurde, denn innerhalb eines Jahres mußte er sterben. Nachdem er tot war, haben Leute den Text mit einer populären Melodie verbunden . . ."

Guantanamera, guajira Guantanamera,
Guantanamera, guajira Guantanamera.

Yo soy un hombre sincero
de donde crece la palma
y antes de morir me quiero
echar mis versos del alma.

Mi verso es de un verde claro
y de un carmin encendido:
mi verso es un ciervo herido
que busca en el monte amparo.

Con los pobres de la tierra
quiero yo mi suerte echar
el arroyo de la sierra
me complace mas que el mar.

Guantanamera, guajira Guantanamera,
Guantanamera, guajira Guantanamera.

1. Ich bin ein aufrechter Mann
aus dem Land der Palmen,
und bevor ich sterbe,
möchte ich mir die Verse von der Seele singen.

2. Meine Verse sind helles Grün
und haben ein flammendes Rot.
Meine Verse sind ein verwundeter Hirsch,
der in den hohen Bergen Schutz sucht.

3. Mit den Armen der Erde
will ich mein Schicksal teilen.
Die hohen Berge gefallen mir
besser als das Meer.

Als schulpraktisches Arrangement eignet sich das Lied sehr gut. In diesem Vorschlag, der gern abgewandelt werden kann, müssen die Gitarristen einen meist ungewohnten Akkord neu einstudieren (siehe die Griffnotation). Ansonsten liegt dem gesamten Lied ein harmonischer und rhythmischer Ostinato zugrunde, das in zwei Stadien einstudiert werden sollte: zuerst die Rhythmusgruppe, dann die aus Stabspielen und Baß.
Der Gesang läßt sich am besten mit Unterstützung einer Gitarre einüben. Für die Aussprache sollte man wieder das Klangbeispiel zu Hilfe nehmen.
Pete Seegers Interpretation kann auch als Orientierungspunkt für den „freien" Rhythmus der Vierteltriolen (Takte 5, 7, 9, usw.) dienen.

OSTINATE BEGLEITUNG:
Gitarre
Stabspiel

Stabspiel

Baß

Guantanamera (Klangbeispiel 5)

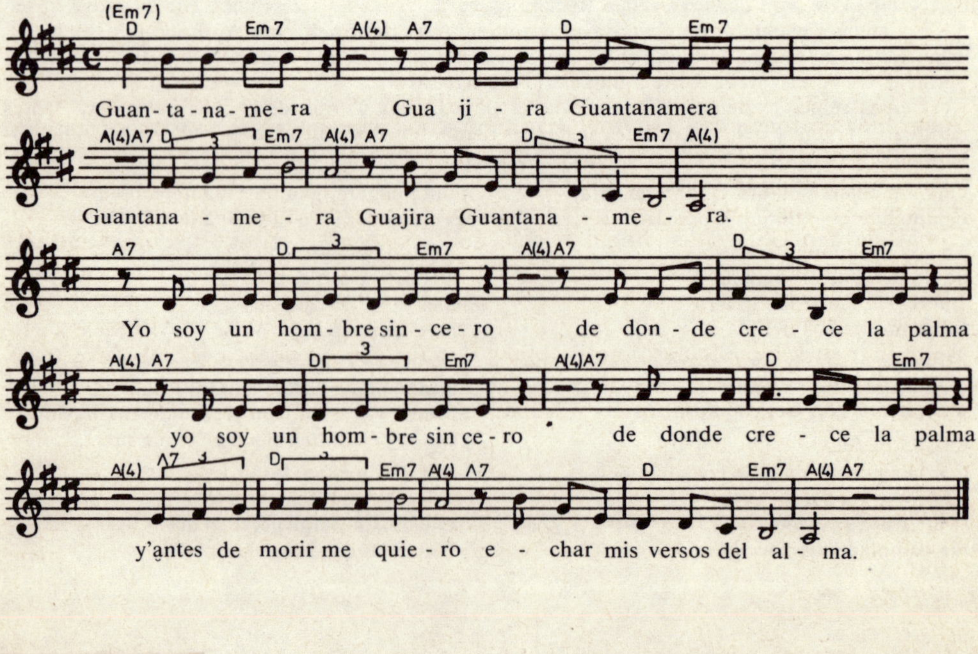

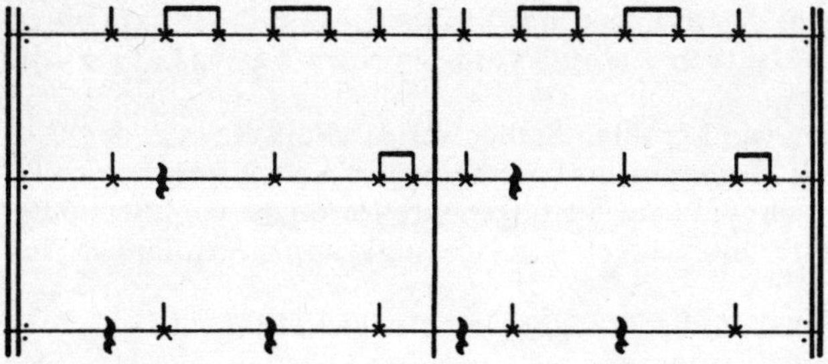

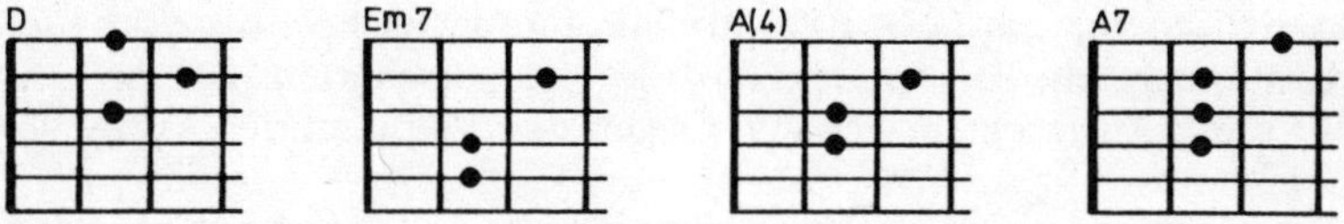

II. Nordamerika

Die Musikfolklore *Nordamerikas* ist so vielseitig, wie die dort lebenden ethnischen Gruppen sich kulturell eigenständig entwickeln konnten.
Begrenzt man die Sicht auf die Vereinigten Staaten, so besagt die Bevölkerungsstatistik, daß von den 227 Millionen Einwohnern 178 Millionen Weiße (davon 9 Millionen der Herkunft nach Spanischamerikaner), 22,6 Millionen Neger, 800 000 Indianer (davon über 500 000 in oder nahe bei Reservaten), fast 600 000 Japaner, 435 000 Chinesen und 343 000 Filipinos, sowie eine nicht unerhebliche Zahl von Mischlingen sind.[1]
Im „Schmelztiegel" USA sind die unterschiedlichen kulturellen Traditionen der ethnischen Gruppen keineswegs vollständig aufgegangen. Vielmehr haben sie sich, allerdings in wechselnden Ausmaßen, zum Teil erhalten können. In jüngerer Zeit wird das Ideal des „melting pot" zurückgenommen und mehr kulturelle Eigenständigkeit auch als Grundlage der nationalen Identität gesehen und gefördert.
Wenn hier im folgenden *eine* folkloristische Linie herausgegriffen wird, so geschieht dies aus der Sicht der europäischen Folkloreszene (vgl. auch den Beitrag von Dieter Lugert weiter unten). Diese ist bekanntlich von der in den USA der sechziger Jahre dominierenden angelsächsischen Folkloreströmung entscheidend angeregt worden, die damals in den USA einen Boom erlebte und von der Musikindustrie im Land und weltweit vermarktet worden ist. Die Vermarktung bewirkte unter anderem, daß diese Musik zum Leitbild zahlreicher europäischer Folkloresänger und -gruppen werden konnte.
Wenn hier ausschließlich auf die Richtung der auf den Newport-Festivals vorgetragenen Folklore eingegangen wird, so soll damit keineswegs die Vielfalt der anderen Volksmusiken der USA ignoriert werden. Es fehlt aber der Raum, auf die Musik der

---

[1] Angaben nach Fischer Weltalmanach '82, Stand von 1970. Nach einer Erhebung von 1970/71 waren von der Bevölkerung 14,4% britischer, 12,5% deutscher, 8% irischer, 4,5% spanischer, 4,3% italienischer, 2,6% französischer, 2,5% polnischer und unter anderem 1,1% russischer Abkunft.

Farbigen, der Spanischstämmigen, der Indianer, der Rußlandeinwanderer usw. einzugehen, obwohl bei ihnen außerordentlich eindrucksvolle Formen eigenständiger Musikfolklore zu beobachten sind.
Das *Newport Folk Festival* hat den wohl größten Stellenwert im Folk Revival der USA und verstand sich ursprünglich als Gegenpol zur kommerziellen Verwertung der Volksmusik. Daß die Musikindustrie recht bald auf die ungeheure Resonanz vor allem unter der jüngeren Generation reagierte und Sänger wie Gesangsgruppen erfolgreich vermarktete, war unvermeidlich.
Pete Seeger und Theodore Bikel gaben die Anregung für das erste Festival 1959. Joan Baez wurde durch das 60er Festival schlagartig bekannt. Bob Dylan erlebte hier 1965 sein Desaster, als er von der akustischen zur elektrischen Gitarre wechselte.
Durchgängig charakteristisch für das Folk Revival sind eine kritische Einstellung zu gesellschaftlichen Mißständen, ein Engagement für die Gewerkschaften und ein entschiedener Einsatz für die Bürgerrechtsbewegung. Gegen den Vietnamkrieg wurde vehement Stellung bezogen.
Pete Seeger, der als Repräsentant dieser Folkloreströmung stehen kann, hatte schon in der Jugend auf Reisen seine Liebe zur Volksmusik entdeckt und begleitete den Volksliedsammler und -forscher Alan Lomax auf Forschungsreisen. Seine Lieder trug er am liebsten auf dem fünfsaitigen Banjo vor. Sein Einfluß ist deswegen so groß, weil er mehrere bekannte Gruppen gründete – wie die Almanac Singers und die Weavers –, Kontakte zu zahlreichen Sängern pflegte – wie zu Woody Guthrie und Joan Baez – und auch im weiteren Umkreis unübersehbar Spuren hinterließ – zum Beispiel bei dem auch kommerziell sehr erfolgreichen Folktrio Peter, Paul & Mary. Zudem veröffentlichte er in der von 1950 an erscheinenden Zeitschrift Sing Out umfangreiches Liedmaterial. Die Veröffentlichungen wie auch seine eigenen Konzertauftritte und Schallplatten trugen zu dieser Wirkung entscheidend bei.
Bei den Plattenaufnahmen von Pete Seeger, Joan Baez und den anderen bekannten amerikanischen Folksängern steht das Moment der Vorführung im Vordergrund, anders als bei den eher „namenlosen" Folksängern, wie sie von den Forschern aufgespürt und dokumentiert werden. Jedoch ist dabei zu bedenken, daß einerseits die einfache Vortragsweise durchaus der Art einfacher Leute entspricht, mit dieser Musik umzugehen, und daß andererseits Seegers Lieder von kaum zu zählenden Amateuren aufgegriffen und nachgesungen wurden.
Die Lieder zeigen die soziale Wirklichkeit, ohne Dinge auszusparen, von denen „man" nicht spricht, wie zum Beispiel von einem Freudenhaus *(„House of the Rising Sun")* oder von Verbrechen *(„Frankie and Johnny").* Gleich ob Liebeslied, Ballade oder Moritat, Kinderlied oder sozialkritisches Lied, das Leben in aller Vielfalt – von denen, die in der Gosse oder auf dem elektrischen Stuhl landen, bis zu den Normalbürgern *(„Little boxes")* – ist in den Liedern eingefangen.
Das Musizierbeispiel *„The House of the Rising Sun"* ist der Plattenaufnahme (Folkway Records FWX 52321) abgelauscht. Bei ihr wechselt der Melodieverlauf von Strophe zu Strophe.
Hier ist Strophe 1 zugrundegelegt. Der Arrangementvorschlag folgt der schlichten Harmonisierung, die Pete Seeger auf dem Banjo spielt. Der Rhythmisierung des Banjospiels ist auch die Gestaltung der Xylophonstimmen entlehnt. Die Gitarrenakkorde sind leichter zu greifen, wenn man einen Kapodaster anbringt. Beim zweiten Bund ist dann statt Hm Am, statt Fis E und statt A7 G7 zu greifen.
Eine Abwandlung des Arrangements könnte darin bestehen, eine Strophe in der folgenden, unter Jugendlichen üblichen Harmonisierung vorzutragen – dann allerdings ohne die übrigen Instrumente: Am/C/D/D/Am/C/C/C/Am/C/D/F/Am/E7/Am/E7 (mit Kapodaster auf dem zweiten Bund). Vielleicht könnte dies auch als rein

instrumentale Zwischenstrophe mit einer Flöte (oder Gitarre) als Melodieinstrument vorgetragen werden.

The House of the Rising Sun (Klangbeispiel 6)

In unmittelbarer Nachbarschaft zum sozialkritischen und politischen Lied steht *„Little boxes“,* das beispielsweise auf CBS 62209) von Pete Seeger vorgetragen wird (Text und Melodie: Malvina Reynolds).

2. And the people in the houses all go to the university, and they all get put in boxes, little boxes all the same. And there's doctors and there's lawyers and business executives, and they're all made out of ticky-tacky, and they all look just the same.
3. And they all play on the golf course and drink their martini dry, and they all have pretty children, and the children go to school. And the children go to summer camps, and then to the university, and they all get put in boxes, and they all come out the same.
4. And the boys go into business and marry and raise a family, and they all get put in boxes, little boxes all the same. There's a green one and a pink one and a blue one and a yellow one, and they're all made out of ticky-tacky, and they all look just the same.

Aufschlußreich ist, welche fremdsprachigen Lieder im Folkrevival der USA herangezogen wurden. Aus Deutschland sind dies zwei Lieder: *„Die Gedanken sind frei"* und *„Sag mir, wo die Blumen sind"*.
Letzteres, das (auf Vanguard 0062, 184, 1965) von Joan Baez gesungen wird, hat ursprünglich einen englischen, von Pete Seeger erfundenen Text: *„Where have all the flowers gone"*. Max Colpet hat den Text ins Deutsche übertragen.
Inhaltlich bezieht sich das Lied aber auf das während des 19. Jahrhunderts in Litauen entstandene *„Zogen einst fünf wilde Schwäne"* (das Lied wurde übrigens 1917 von Karl Plenzat ins Deutsche übertragen), Freiheits- und Antikriegslied passen in das politische Engagement der Folkbewegung, und diese für Amerikaner fremdsprachigen Lieder sollen – ähnlich wie schon das spanisch vorgetragene *„Guantanamera"* (vgl. oben S. 45) – den internationalen Charakter der Bewegung manifestieren.

2. Sag mir, wo die Mädchen sind.
Wo sind sie geblieben?
Sag mir, wo die Mädchen sind.
Was ist geschehn?
Sag mir, wo die Mädchen sind.
Männer nahmen sie geschwind.
Wann wird man je verstehn,
wann wird man je verstehn?

3. Sag mir, wo die Männer sind.
Wo sind sie geblieben?
Sag mir, wo die Männer sind.
Was ist geschehn?
Sag mir, wo die Männer sind.
Zogen fort, der Krieg beginnt.
Wann wird man je verstehn,
wann wird man je verstehn?

4. Sag mir, wo Soldaten sind.
Wo sind sie geblieben?
Sag mir, wo Soldaten sind.
Was ist geschehn?
Sag mir, wo Soldaten sind.
Über Gräber weht der Wind.
Wann wird man je verstehn,
wann wird man je verstehn?

5. Sag mir, wo die Gräber sind.
Wo sind sie geblieben?
Sag mir, wo die Gräber sind.
Was ist geschehn?
Sag mir, wo die Gräber sind.
Blumen wehn im Sommerwind.
Wann wird man je verstehn,
wann wird man je verstehn?

6. Sag mir, wo die Blumen sind.
Wo sind sie geblieben?
Sag mir, wo die Blumen sind.
Was ist geschehn?
Sag mir, wo die Blumen sind.
Mädchen pflückten sie geschwind.
Wann wird man je verstehn,
wann wird man je verstehn?

Im inhaltlichen Zusammenhang steht das mit einem Arrangement-Vorschlag versehene Friedenslied „Zogen einst fünf wilde Schwäne“, weiter unten S. 72 ff.

III. Irland

Die Insel zählt, nimmt man die Republik Irland und das zu Großbritannien gehörige Nordirland zusammen, 4,32 Millionen Einwohner. Während die Bevölkerung der Republik zu rund 94 Prozent römisch-katholisch ist, sind die Bewohner der ehemaligen Provinz Ulster zu rund 35% Katholiken, 30% Presbyterianer und 25% Anglikaner.
Die weit überwiegende Zahl der Iren spricht Englisch. Das zum gälischen Zweig der keltischen Sprache gehörige Irisch wird heute von rund 55000 Iren als Umgangssprache gesprochen, über 700000 beherrschen die Sprache teilweise. Über den aktuellen Gebrauch hinaus besitzt das Irische jedoch in der historisch verständlichen Abgrenzung gegenüber Großbritannien eine große Symbolbedeutung.
Historische Geschehnisse wirken bis auf den heutigen Tag. 700 vor bis 400 nach Christus besiedelten die keltischen Gälen die Insel. Um 430 nach Christus verbreitete Patrick das Christentum, und in der Folge wirkten auf Irland, den britischen Inseln und dem europäischen Festland irische Mönche an der Verbreitung und Fortentwicklung christlichen Glaubens und christlicher Kultur mit. Im 9. bis 11. Jahrhundert kamen Wikinger auf die Insel und setzten sich bei Dublin und Cork fest. In den Jahren 1171/72 begann mit dem Eroberungszug Heinrich II. die englische Herrschaft über Irland. Mehrere Aufstände der Iren wurden blutig niedergeworfen (so durch Elisabeth I., Oliver Cromwell, Wilhelm III. von Oranien). Die Engländer eigneten sich zu drei Viertel den Grundbesitz an und entrechteten die Iren, vermochten ihnen jedoch weder ihren katholischen Glauben noch ihre eigene Musik und Kultur zu nehmen. Seit 1845 setzte aufgrund der anhaltend schlechten wirtschaftlichen Situation und von „starvation years“ eine ungeheure Auswanderungswelle nach Nordamerika ein. 1921 wurde die Republik Irland als Freistaat im Commonwealth gegründet, wobei allerdings die Nordprovinz Ulster im Besitz Großbritanniens verblieb.
Es gehört zur keltischen Tradition, daß Musik und Dichtung im Leben der Iren einen

hohen Stellenwert einnehmen. Denn die Musiker genossen in der Hierarchie der keltischen Königtümer ein großes Ansehen. Sie waren fest in Diensten und konnten sich voll ihrer Aufgabe als Dichter und Musiker widmen.
Das änderte sich schlagartig, als die Engländer die Herrschaft im Land übernahmen. Der Adel wurde entmachtet und vertrieben. Die Musiker wurden brotlos und versuchten, sich fortan als wanderndes Volk zu ernähren, was aber von den Engländern verboten wurde. Speziell wurde das Spielen der Harfe unter Strafe gestellt. Im Verlauf des 18. Jahrhunderts wurde außerdem die keltische Sprache fast vollständig unterdrückt, so daß seither auch die irischen Lieder englischsprachige Lieder sind.
Erst seit knapp zwanzig Jahren wird wieder irisch gedichtet und irisch gesungen, und auch die alte Tradition der irischen Harfe ist wieder aufgenommen worden.
Irische Lieder und Balladen besingen die wechselvolle Geschichte, die Kämpfe und Hungersnöte, die die Iren zu bestehen hatten und die in Nordirland andauern. Keineswegs jedoch erschöpft sich die irische Folklore im politischen und sozialkritischen Lied. Von jeher werden Wiegen-, Klage- und Liebeslieder gesungen; Nonsense-, Schauer- und Trinklieder erfreuen sich vor allem an dem Ort besonderer Beliebtheit, wo die meisten Lieder vorgetragen werden: in der Kneipe.
Das Folklore-Revival mit Gruppen wie den Dubliners und den Chieftains vermittelte in der Bundesrepublik der Siebziger Jahre ein Bild heiterer Lebensfreude. Fiddle, Tin Whistle (irische Flöte), Uillean Pipes (irische Variante des Dudelsacks), Banjo, Bodhran (irische Handtrommel), Spoons (als Rhythmus- und Effektinstrument eingesetztes Löffelpaar), Lilting (Singen auf an sich sinnfreien Klangsilben), auch Concertina (englische Ziehharmonika) und die wiederentdeckte Harfe bestimmen das Kolorit dieser Musik. Grundlage der meist schnellen Instrumentalstücke sind die Tänze Jig, Reel und Hornpipe.
Ein Beispiel für die historische Rückbesinnung gibt die Gruppe Clannad mit dem in gälischer Sprache gesungenen Lied *„The white goat“* (auf einem Mitschnitt vom 2. Irish Folk Festival, Intercord, Xenophon). Die weiße Ziege wird hier als Metapher für die Unterdrückung der Iren durch die Engländer genommen, für Verfolgung und Gefangennahme.
Die einleitenden Worte lauten übersetzt:

„Das Lied handelt von einem Mann, der während der Hungertage in Irland über einen Bergabhang poltert. Die Engländer sind hinter ihm her, und er lebt eben wie eine Ziege – ein großes, weißes Tier. Und schließlich fangen die Engländer ihn und bringen ihn aus seinem Land weg.“

Musikalisch ist der Dreierrhythmus der Jig typisch. Das Tongeschlecht (aeölisch oder „natürliches“ Moll) bestimmt die ernste Grundhaltung. Das Arrangement arbeitet mit Banjo, Tin Whistle, Singstimme(n) und Gitarre.
Grundlage des folgenden Musiziervorschlags ist ein von Kindern in den Straßen Belfasts gesungenes, über ganz Irland verbreitetes Lied. Das Arrangement freilich rückt das Lied von der Straße ins Folklorekonzert oder in die Kneipe. Der Text handelt von den Neckereien zwischen Jungen und Mädchen.
Die Dubliners singen – statt von Belfast – von Dublin-City. Leider ist die Aussprache so undeutlich, daß man die Aufnahme nur eingeschränkt für das eigene Singen zu Rate ziehen kann. Jedoch hilft sie, bei Strophen zwei und drei die Textverteilung vorzunehmen.
Die Flötenstimme kann auf einer Blockflöte in C musiziert werden, aber vielleicht versucht bei diesem Stück jemand, eine Tin Whistle zu erproben. Während die Griffe sehr einfach sind, bereiten die feinen improvisierten Verzierungen der Flötenstimme große Schwierigkeiten, die nur durch vielfaches Abhören der Originalaufnahme, auch anderer irischer Gruppen, und die Einfühlung in Technik und Stil der irischen Flöte bewältigt werden können.

I'll Tell my Ma

1. I'll tell my ma when I go home
   The boys won't leave the girls alone.
   They pulled my hair and stole my comb,
   But that's all right till I go home.
   She is handsome, she is pretty,
   She is the belle of Belfast city,
   She is courtin' one, two, three,
   Please, won't you tell me who is he?

2. All the boys are fighting for her,
   They rap at the door and they ring at the bell
   Sayin', "O my true love are you well?"
   Out she comes as white as snow.
   Rings on her fingers and bells on her toes
   Ould Johnny Murray says she'll die
   If she doesn't get the fellow with the roving eye.

3. Let the wind and the rain and the hail blow high,
   And the snow come travelling from the sky,
   She's as nice as apple pie,
   And she'll get her own lad by and by.
   When she gets a lad of her own
   She won't tell her ma when she comes home
   Let them all come as they will,
   For it's Albert Mooney she loves still.

Ich sag's meiner Mama

1. Ich sag's meiner Mama, wenn ich heimgehe.
   Die Jungen lassen die Mädchen nicht in Ruhe.
   Sie haben mich am Haar gezogen und meinen Kamm gestohlen.
   Aber warte nur, bis ich heimgehe.
   Sie ist schön, sie ist hübsch. Sie ist eine
   Schönheit Belfast. Sie liebt eins, zwei,
   drei. Sag doch bitte, wer es ist?

2. Alle Jungen raufen sich um sie.
   Sie klopfen an die Tür, sie läuten die Schelle,
   sagen: „Na, meine Hübsche, geht es dir gut?"
   Herauskommt sie, sieht aus wie Schneewittchen,
   Ringe an ihren Fingern, Glöckchen an ihren Zehen.
   Der alte Johnny Murray sagt, sie wird sterben,
   wenn sie nicht den Jungen kriegt, der seine Augen
   immer herumschweifen läßt.

3. Laßt nur den Wind wehen, mag es hageln und regnen,
   von mir aus kann auch Schnee fallen.
   Sie ist so süß wie ein Apfelkuchen, und mit der
   Zeit bekommt sie schon den Jungen, den sie sich
   in den Kopf gesetzt hat. Dann sagt sie nichts
   mehr zu ihrer Mama, wenn sie heimkommt.
   Komme, was immer da kommen wolle, Albert Mooney
   wird sie auch dann immer noch lieben.

Für das akkordische Fundament kann anstelle der Gitarre Akkordeon oder auch Mundharmonika (in D, vielleicht auch im Wechsel mit einer in G) ausprobiert werden. Der Wechselbaß kann auf Klangstäben, Klavier oder Akkordeon ausgeführt werden. Einen guten Effekt machen auch zwei Löffel, wenn sie, in einer Hand gehalten, im Rhythmus auf ein Knie geschlagen werden. Der Löffelrhythmus sollte von „she is handsome" an variiert werden, was schon allein dadurch geschehen kann, daß man die Löffel nicht nur von oben auf das Knie, sondern zusätzlich nach oben gegen die darüber gehaltene andere Hand schlagen läßt.
Die einfachste Fassung kann mit Tin Whistle und Mundharmonika gespielt werden, denn die Melodie klingt bereits, begleitet lediglich von zwei Akkorden (D und A).

IV. Frankreich (Bretagne)

Von den 53,6 Millionen Franzosen leben 2,6 Millionen in der Bretagne. Diese auf der größten und westlichsten Halbinsel Frankreichs gelegene Region hat als Hauptstadt Rennes und umfaßt die Departements Cotes-du-Nord, Finistère, Ille-et-Vilaine und Morbihan.
Der besondere Charakter dieser hauptsächlich von der Landwirtschaft lebenden Region ist begründet in ihrer Landschaft, Geschichte, Sprache und Kultur. Das Bestreben um mehr Eigenständigkeit gegenüber der zentralistischen Organisation des französischen Staates teilt die Bretagne mit anderen Regionen wie Korsika, Katalanien, dem Elsaß und dem Baskenland. Immerhin sprechen rund 1,2 Millionen Bewohner der Bretagne die bretonische Sprache (Keltisch). Amtssprache ist Französisch, jedoch kann in den Schulen auch bretonisch (wie in anderen Regionen auch baskisch, katalanisch, korsisch, okzitanisch usw.) gelernt werden.

In der Neusteinzeit war die Bretagne ein Zentrum der europäischen Megalithkultur. Große Steinfelder sind heute noch bei Carnac zu besichtigen. Nach römischer Herrschaft wanderten vom 5. Jahrhundert an keltische Briten von Britannien her ein. Vom 6. bis 11. Jahrhundert bestanden auf der Halbinsel unabhängige Fürstentümer. Mitte des 12. Jahrhunderts wurde das Land von den Engländern besetzt; im 16. Jahrhundert kam die Bretagne endgültig zu Frankreich, nachdem sie vorher bereits durch französische Lehnshoheit an Unabhängigkeit eingebüßt hatte.
In den Jahrhunderten relativer Eigenständigkeit entwickelte sich ein kulturelles Leben, das dem in Wales und Irland vergleichbar ist. Die keltische Sprache, Harfe, Handtrommel und Dudelsack sind gemeinsame Ausdrucksmittel. Aber es gibt auch Besonderheiten wie die Bombarde, eine bretonische Schalmeienart (Holzblasinstrument mit einem Doppelrohrblatt), und die Gesangstechnik des *„Kan ha Diskan“:* ihr Ausgangspunkt ist das Ruf-Antwort-Singen zweier Sänger. Der *„Kaner“* singt den ersten Satz eines Liedes, der *„Diskaner“* bringt das Ende und beginnt einen neuen Satz, bei dem er wieder durch den *„Kaner“* abgelöst wird und so weiter. Diese Gesangsform wird vor allem bei den Festou Noz, den Nachtfesten der Bretagne, ausgeübt.
Ein Beispiel des „Kan ha Diskan“ gibt Alan Stivell mit einem Lied *„Ne Bado Ket Atago“* (auf Phonogram fontana 6325332). In ihm wird die traditionelle Gesangsweise auf der Basis eines einfachen melodischen Modells ist mit einem zeitkritischen Text von Y.-B. Piriou kombiniert. Der keltische Text ist überschrieben „Das wird nicht immer dauern“ und beschreibt die Situation bretonischer Soldaten, die sich als Soldaten in Afrika verdient gemacht haben, in ihre Heimat zurückgekehrt sind und feststellen müssen, daß sie ohne Arbeit sind, während andere, wohlhabende Leute sorgenfrei leben können.
Alan Stivell-Chochevelou, der das Lied mit einem Mitsänger vorträgt, betont jedoch, man müsse nicht immer von sozialen und politischen Problemen singen, vielmehr sei es wichtig, diese Themen mit einfachen, volkstümlichen Liedern zu kombinieren, die von Liebe, Tod und dem Meer handelten.
Ausgangspunkt für das Musizierbeispiel *„Bal Fisel“* ist die Aufnahme auf der soeben benannten Platte. Sie hat einen besonderen Reiz im Klang der keltischen Harfe, der eine Flöte beigesellt ist. Der *„Bal Fisel“* ist ein traditioneller Tanz, bei dem zwei Bewegungsformen miteinander abwechseln.
Die keltische Harfe wird in der Aufnahme mit Alan Stivell zum Melodievortrag (im Wechsel mit der Flöte) und zur akkordischen Begleitung der Melodie eingesetzt.
In der melodischen Funktion können wir eine Gitarre einsetzen. Der pentatonische Akkord kann auf dem Metallophon (weiche Schlägel!) gespielt werden, wobei jeweils auf den melodischen Haltetönen f, c, a, g und d ein Glissando von unten nach oben ausgeführt wird (die Stäbe mit den Tönen e und h vorher herausnehmen!).

Bal Fisel

V. Spanien (Andalusien)

Von den gut 37 Millionen Spaniern sind über 73% kastilische Spanier, etwa 24% Katalanen, 2,5% Basken und etwa 1 Prozent Zigeuner. Außerdem leben rund 160000 Ausländer in Spanien (Portugiesen, Deutsche, Franzosen, Engländer), während zehn Prozent aller Spanier im Ausland leben (2 Millionen in Amerika, 1 Million in Europa). Staatssprache ist das kastilische Spanisch; in Katalonien wird Katalanisch, im Baskenland (Euskara) wird Baskisch als Umgangssprache gesprochen. Katalanisch, Galizisch und Baskisch werden offiziell als „Nationalsprachen" anerkannt.
Den entsprechenden Regionen ist neuerdings eine begrenzte politische und kulturelle Autonomie zuerkannt worden.

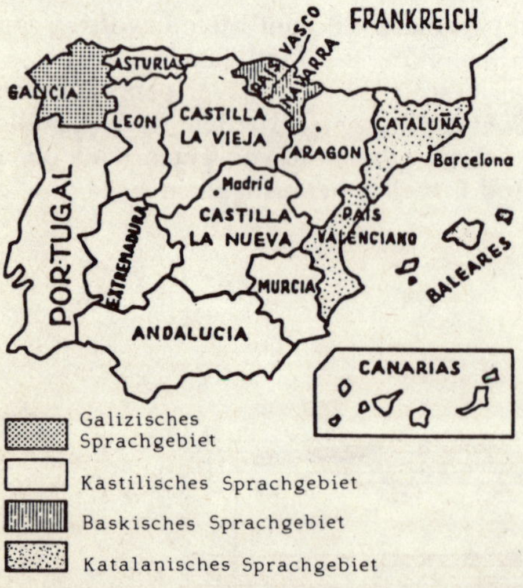

Andalusien ist eine Agrarregion im Süden der iberischen Halbinsel. Sie ist heute noch geprägt durch die Latifundienwirtschaft und einem daneben bestehenden extrem zersplitterten Kleinbesitz.
Die andalusischen Landarbeiter hatten stets um ihr Existenzminimum zu kämpfen, und die regionalistischen Bestrebungen gegenüber dem Zentralstaat stehen bis auf den heutigen Tag im Schatten dieses Existenzkampfes und der Forderung nach einer mehr oder weniger radikalen Landreform. Gegen derartige regionalistische Bestrebungen war die dominierende Klasse Andalusiens, Landadel und Agrarbourgeoisie, die mit der zentralistischen Oligarchie weitgehend identisch war und zum Teil sogar außerhalb Andalusiens wohnte (vgl. Aufstand der Provinz, S. 124f.).
Historisch ist Andalusien zuerst von den Iberern besiedelt worden. Zusammen mit Phönikern und später den Karthagern betrieben seine Bewohner Handel im gesamten Mittelmeerraum. Als reiche römische Provinz wurde Andalusien zum wichtigsten, kulturell führenden Gebiet der Iberischen Halbinsel. Vandalen und Westgoten nahmen die Region zeitweilig in Besitz, bis 711 die arabische Invasion erfolgte. Die mozarabische Herrschaft und Kultur, die während fünf Jahrhunderten blühte und bis zum Sieg der Christen 1212 andauerte, hat bis auf den heutigen Tag Spuren hinterlassen.
Die Volksmusik Andalusiens ist – anders als die des Baskenlandes – nicht politisch orientiert. Sie ist hervorgegangen aus den geselligen Aktivitäten der Freizeit und der Feiertage auf dem Lande.
Als Beispiel mag ein von Pedro Soler auf der Gitarre gespielter *Fandango* stehen (auf Pläne 88126). Fandangos sind in verschiedenen Regionen Spaniens zu finden, auch im Baskenland, in Asturien und Gallizien; am berühmtesten und wahrscheinlich ältesten aber soll der Fandango Andalusiens sein, in dem sich spanische Einflüsse mit denen von Arabern und Zigeunern mischen. Er gehört zum Flamenco, einer Gattung andalusischer Tanzlieder, in denen die Liebesabenteuer einer Schönen besungen werden.
Der volkstümliche Fandango wird von einem Einzelpaar oder von einem Solotänzer getanzt (einer Solotänzerin). Er wird gesungen, oft von einer Gitarre begleitet, oder aber instrumental auf der Gitarre vorgetragen. Der scharfe Rhythmus wird durch Klatschen und Stampfen sowie durch Kastagnetten akzentuiert, die gar nicht so selten von der Tänzerin selber in den Händen gespielt werden.
Der Fandango ist ein Werbetanz, der oft als anstößig empfunden worden ist. Es wird vermutet, daß in ihm Anklänge vom bei den Arabern gepflegten Bauchtanz lebendig geblieben sind, wie ja auch die Wortbedeutung von „fanda“ (= Gastmahl) auf den Zusammenhang mit arabischen Festgewohnheiten weist.
Der durch Kastagnetten markierte *Fandango-Rhythmus* lautet so:

Charakteristisch für den kunstvollen, auf der Sologitarre gespielten Fandango ist die Anschlagtechnik des „Rasqueado“: Dabei streichen die Finger der rechten Hand aus der geschlossenen Faust nacheinander über die Saiten, so daß der scharfe, sonst für Kastagnetten typische Rhythmus erklingt. Musikalisch vollführt der Gitarrist über einer oft einfachen Folge von Akkorden zum Teil eher gesangliche, zum Teil außerordentlich virtuose Variationen.

El Ole

Refrain
Chromatisches Xylophon
Gitarre/ Klavier
E-Baß/ Baß-Xylophon
D
G
A7
D
A7
D
Strophe
Dm
A
Bb
A
D
A7
D
von vorne

Rhythmusgruppe:

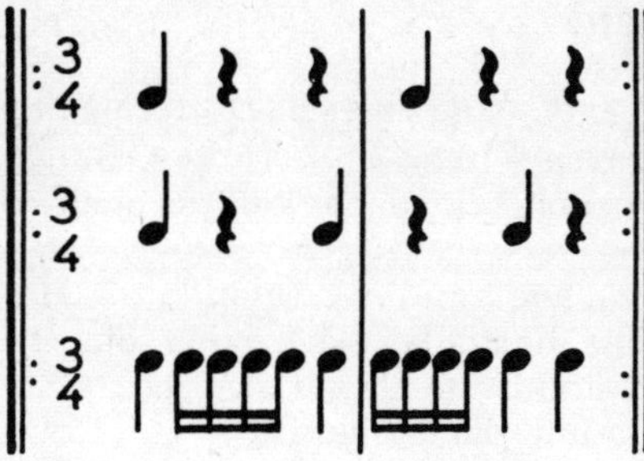

Conga

Bongo

Castagnetten

Refrain + Strophe 1 + Refrain + Strophe 2 + Refrain

Text:

El Ole

Ole con ole, Con ole, morenita,
Que‿así te quiero yo:
Con ole, morenita, De mi corazon.

1. Las estrellitas con-té
Y vi que faltaban dos;
En tu cara las hallé:
Tus ojos son.

2. De noche yo‿he visto‿el sol
En tus balcones lucir;
He visto su resplandor:
Te‿he visto‿a tî.

Inhalt:

Das Lied besingt ein kleines, braunes Mädchen,
das von Herzen geliebt wird.
„Die Sterne habe ich gezählt
und ich habe sie in deinen Augen gefunden.
Die strahlende Sonne leuchtet in deinem Gesicht.“

Bemerkenswert ist schließlich, daß der in Spanien seit dem 18. Jahrhundert bekannte Tanz insbesondere nach Südamerika gelangt ist, dort weit verbreitet wurde und mit den einheimischen Tänzen Mischformen einging.
Das Musizierbeispiel hat ein andalusisches Liebeslied, das zugleich ein temperamentvolles Tanzlied ist, zum Ausgangspunkt. Die Rhythmusgruppe verwirklicht die Fandango-Aufteilung des Dreiertakts (siehe oben), die Gitarrespieler sollten die „Rasqueado“-Anschlagstechnik probieren.
Den Rhythmus sollten alle Beteiligten probieren: mit verteilten Rollen klatschen, den Castagnetten-Rhythmus kann man gut mit einem Bleistift auf den Tisch klopfen lassen. Das Lied sollte nicht zu schnell musiziert werden.

VI. Griechenland (Thrakien)

Die 9,7 Millionen Bewohner des Landes sind zu 98,5% Griechen, die nahezu sämtlich Angehörige der griechisch-orthodoxen Kirche sind. Türken, Bulgaren und Armenier bilden keine ethnischen Minderheiten, die auch konfessionell eigenständig leben könnten.

Thrakien liegt im Norden Griechenlands und hat Saloniki als Hauptstadt. In West-Ost-Richtung durchzieht die Provinz die antike Via Egnatia, die zur Römerzeit Italien mit Konstantinopel verbunden hat und heute als gut ausgebaute Straße die wichtigste Verkehrsader zwischen Westeuropa und der Türkei ist.

Die in einer Aufnahme (bei Le Chant du Monde LDX 74425) vereinigten drei griechischen Lieder können weniger noch als die für andere Länder ausgewählten Beispiele für „die“ Musikfolklore stehen. Speziell findet sich darin kaum etwas von dem, was hierzulande als griechische Folklore bekannt ist: die Tanzform der Sirtaki etwa und andere schlagerartige Kompositionen mit „Griechenland-Kolorit“ oder die Lieder von Mikis Theodorakis.

Statt dessen gibt die Musik ein Beispiel für die enge Verklammerung der Folklore mit religiösen Bräuchen, vor allem im vom Kirchenkalender bestimmten Leben auf dem Lande. Außerdem entstammt die Musik einer ethnomusikologischen Feldaufnahme, nicht einer kommerziellen Musikproduktion. Die Klangqualität steht daher zurück hinter Authentizität und Atmosphäre.

Die Aufnahmen wurden in der kleinen rund 20 Kilometer von Saloniki entfernten Ortschaft Langadha gemacht, die heute ein Thermalbad beherbergt. In dieser Gegend gab es wechselvolle Kämpfe und Grenzverschiebungen, so zuletzt zu Beginn unseres Jahrhunderts im zweiten Balkankrieg zwischen Griechenland und Bulgarien; in den Jahrhunderten zuvor stand die Region unter Herrschaft der Türken (1368 bis 1913), davor war sie zwischen Byzanz und den Bulgaren umstritten, seit 1913 gehört sie wieder zu Griechenland.

Jedes Jahr am 21. Mai, der dem Heiligen Konstantin und Helena geweiht ist, findet in zwei mazedonischen Städten ein seltsames Volksfest statt: im schon erwähnten Langadha bei Saloniki und in Sankt Helena bei Serrä. Der eindrucksvollste Teil des Festes besteht darin, daß die Gläubigen barfuß über glühende Kohlen laufen, die Gläubigen nennen sich *„Anastenarier“*, was von dem Verb „anastenazo“ (= stöhnen, seufzen, klagen) kommt.

Es handelt sich um einen antiken Brauch, der ehemals in Ost-Thrakien geübt wurde und mit Flüchtlingen nach Mazedonien verpflanzt wurde, als es 1923 entsprechend einer Vereinbarung zwischen Griechenland und der Türkei zu einem Bevölkerungsaustausch kam.

Obgleich die Anastenarier sich voll zum christlichen Glauben bekennen, kann man leicht nachweisen, daß es ein alter orgiastischer Kult ist, der nachträglich christianisiert worden ist. Der Brauch dürfte mit dem Dionysos-Kult zusammenhängen.

Das Fest dauert drei Tage. Die Lieder sind fest ins Zeremoniell integriert. So ertönt das *„Straßenlied“*, das auf der Trommel und Lira (einer griechischen Geige) vorgetragen wird, bei der Prozession vom Haus des Gemeindevorstehers zur Kirche, in der die Ikonen der beiden Festtagsheiligen verehrt werden.

Das zweite Lied mit dem Titel *„Auf der grünen Wiese“* beschreibt in seinem Text die Entführung einer jungen griechischen Mutter durch Türken. Bei diesem Lied tanzen die Anastenarier um die Ikonen herum, lassen sich von einer heiligen Ekstase ergreifen und geraten in Trance. Diese Trance drückt sich in den Seufzern „eh – eh, ih – ih und uh – uh“ aus. Und wie im Schlaf erheben sich die Gläubigen, fassen die Ikonen mit ihren Armen und beginnen zu tanzen.

In diesem Moment wird die dritte Musik *„Der kleine Konstantin"* auf Trommel und griechischer Geige angestimmt. Mit dieser Musik wird auch der Tanz auf der Kohlenglut begleitet, der am Mittag des nächsten Tages auf dem Dorfplatz in einer großen Versammlung stattfindet. – Übrigens ist der Brauch mehrfach belegt.
Eine genaue analytische Beschreibung der Musik ist außerordentlich schwierig. Insbesondere ist es uns nahezu unmöglich, den Bewegungsfluß nachzuvollziehen. Der Rhythmus hält sich nicht an ein einfaches Dreier- oder Vierer-Taktschema, sondern ist irregulär. Das kommt uns kompliziert vor, folgt aber für die Ausübenden aus der tänzerischen Bewegung und ist für diese daher *„einfach"*. Außerdem gibt es keine periodische Gliederung der Melodie, möglichst gar noch in vier- oder achttaktige Perioden.
Lediglich das Tonmaterial ist fixierbar:
Notenbeispiel 1 für das *„Straßenlied"*, Notenbeispiel 2 für das Lied *„Auf der grünen Wiese"* und Notenbeispiel 3 für den *„kleinen Konstantin"*. In unseren Ohren klingt das nach Kirchentonarten, das melodische Material wird frei variiert.
Eine harmonische Grundlage im Sinne unseres Kadenzschemas gibt es ebenfalls nicht. Lediglich wird jeweils ein Bordunton als klangliche Basis durchgehalten.
Insgesamt gesehen ist dies eine Musik mit sieben Siegeln für unsere Ohren und unser Empfinden. Und es erfordert ein gründliches musikethnologisches Studium, um dieser Musik auf den Grund zu gehen.

1

2
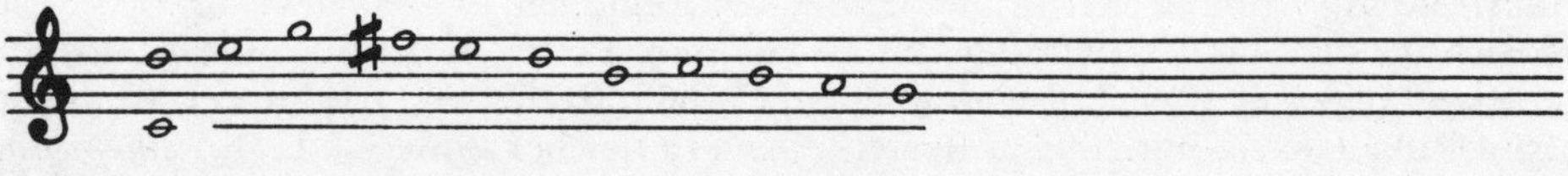

3

VII. Deutschland

Die Aufteilung der deutschen Nation in zwei souveräne Staaten als Folge des 2. Weltkrieges wirkt sich auf die Musikfolklore der betroffenen Regionen Mitteleuropas nur insofern aus, als Neuschöpfungen der Zeit nach 1950 in Betracht gezogen werden (Singeklubs der DDR, Folkgruppen und Liedermacher der Bundesrepublik) (vgl. Kap. 7 bei Steinbiß 1984). Das Erbe der historischen, aus vorindustrieller Zeit oder den Jahrzehnten beginnender Industrialisierung und der jüngeren Zeitgeschichte bis 1945 ist als gemeinsam anzusehen, auch wenn in der Gegenwart deutlich verschieden auf dieses Erbe zurückgegriffen wird (vgl. insbesondere die Lieder *„demokratischen Charakters"*). Zudem dürften die volksmusikalischen Traditionen der heute zur Sowjetunion

und zu Polen gehörigen ehemals deutschen Gebiete mehr und mehr versiegen, weil sie weder offiziell gefördert werden noch sich selber überliefern, da die tragenden ethnischen Gruppen durch Generationswechsel, Emigration und Tod nicht länger funktionieren.
Unter den 61,56 Millionen Bewohnern der Bundesrepublik (einschließlich West-Berlin) und den 16,74 Millionen Bewohnern der DDR (einschließlich Ost-Berlin) dürften sich die Regionen mit ausgeprägten Mundarten auch durch eine je eigene Musikfolklore voneinander abheben, obgleich der Bestand gemeinsamer folkloristischer Lieder, Tänze und Musizierweisen und auch der inzwischen überall wirksame Einfluß der Kulturindustrie (Schallplatte, Rundfunk, Fernsehen) der mundartlichen Differenzierung Grenzen setzt. Lediglich die ethnischen Gruppen der in der Bundesrepublik lebenden Ausländer – speziell die des Mittelmeerraumes – dürften in ihren Sprachgewohnheiten und den eigenständigen musikalischen wie allgemein kulturellen Traditionen ihre ethnische Identität finden und pflegen.
Da die Pflege folkloristischer Traditionen soziologisch mit dem Stadt-Land-Gefälle in Zusammenhang gebracht wird, sei hier die Bevölkerungsdichte der Bundesländer angeführt. Sie reicht von 153 Einwohnern pro Quadratkilometer in Niedersachsen über 154,9 in Bayern, 166,1 in Schleswig-Holstein, 182,6 in Rheinland-Pfalz, 259 in Baden-Württemberg, 265,3 in Hessen, 414,4 im Saarland und 500,7 in Nordrhein-Westfalen bis hin zu den Stadtstaaten Bremen mit 1716,4, Hamburg mit 2180 und Berlin mit 3950 Einwohnern pro Quadratkilometer (Sämtliche Angaben nach Fischer Weltalmanach '82).
In ländlichen Regionen halten sich volksmusikalische Traditionen in der Regel länger als in Großstädten. Jedoch ist zu bedenken, daß auch Industriereviere ihre eigenen Lieder haben und daß in den Städten einfach andere Formen des Umgangs mit folkloristischem Brauchtum üblich sind als auf dem Lande. Speziell bieten die Städte so etwas wie eine Szene, in der die Musikfolklore ihren festen Platz hat, während auf dem Land Brauchtumsvereine gebildet werden. Volkstanzgruppen, Trachtenkapellen, Volksfeste usw. gibt es eher in den ländlichen Regionen.
Typisch für die Städte ist Straßenmusik. Auf einer Platte, in der auch die Atmosphäre gut eingefangen ist (Zweitausendundeins LC 7605, EDF 25081), führt der Straßenmusikant Robert Klein mit einigen Bemerkungen in das bekannte Lied *„Auf einem Baum ein Kuckuck“* ein und gibt ihm dadurch eine für manchen neue Bedeutung - die Aufnahme wurde 1981 in Stuttgart gemacht, Text und Melodie des Liedes sind aus dem 18. Jahrhundert überliefert (Klusen, 1980, S. 73):

„. . . ein Lied von einem Vagabunden. Das ist der Kuckuck, der ist auch ein Vagabund, der legt seine Eier in fremde Nester, und dann haut er wieder ab. Der Kuckuck ist auch ein Symbol für die Freiheit – dann jedenfalls, wenn es nicht gerade der Kuckuck vom Gerichtsvollzieher ist. . . Ich leb' von der Straßenmusik. Ich geb' Euch meine Lieder, und Ihr könnt mir dafür was hier reinfallen lassen. . . Also der Kuckuck, wenn es nicht der Kuckuck vom Gerichtsvollzieher ist, ist ein Symbol der Freiheit, der Schelmenhaftigkeit und Vagabunden. Und das Lied hat auch sehr viel Bezug zu uns Straßenmusikern. Das ist nämlich der Kuckuck, der auf'm Baum sitzt, der naß wird, wenn's regnet, und wenn wir normalerweise spielen, stehen wir auch nicht unter einem schönen Vordach, da jagen uns die Geschäftsleute nämlich weg. Daher werden wir vom Regen auch naß. Und der Kuckuck wird vom Jäger totgeschossen. Wir werden zwar nicht erschossen, aber doch vielerorts von der Gemeindevollzugspolizei weggejagt. Der Kuckuck kommt wieder, und auch wir Straßenmusiker kommen immer wieder.

Das Lied vom *„Schnitter Tod“* ist mit Text und Melodie zum ersten Mal auf einem fliegenden Blatt im Jahr 1638 gedruckt worden. Es ist bis auf den heutigen Tag lebendig geblieben, wie beispielsweise eine Interpretation der Folkgruppe Liederjan 1979 auf Polydor 2371928 beweist. Ein handschriftlicher Vermerk auf einem erhaltenen Exem-

plar des Flugblattes lautet: „Schnitterlied, gesungen zu Regenspurg da ein hochadelige innige Blumen ohnversehen abgebrochen im Jenner 1637, gedichtet im jahr 1637." Die auf dem Blatt gedruckte Erläuterung ist schon allgemeiner gehalten: „Ein schöns Myenlied, Wie der Menschenschnitter der Todt die Blumen ohne underschid gehling abmehet. Jederman Jung unnd Alt sehr nutzlich zu singen und zu betrachten."
Wäre das Lied nur aus dem traurigen Anlaß, der hier benannt ist, gesungen worden, wäre es mit großer Wahrscheinlichkeit längst vergessen.
Offenbar aber fand das Lied größere Resonanz: zum einen aus musikalischen Gründen – der Text ist höchst eindringlich vertont, besonders durch die rhythmisch vorbereitete, viermalige Sequenz ab „Heut' wetzt er. . .", durch die melodische Korrespondenz zwischen Eingangs- und Schlußzeile, durch den vom Text nahegelegten Wechsel der Bewegungsform bei der Schlußzeile - zum anderen durch den über den konkreten Anlaß hinausweisenden Text. Die Blumen können als Symbol für schöne, treue, leichtfertige, stolze. . . Frauen stehen. Bei einigen Strophen ist ein gesellschaftskritischer Akzent unverkennbar. Zudem lassen sich einige Blumen, die ja auch in Wappen begegnen, im Sinne politischer Gegner interpretieren, die Entstehungszeit des Liedes liegt im Dreißigjährigen Krieg.
In Erk/Böhmes „Deutschem Liederhort" von 1894 finden sich weitere Informationen, darunter Goethes Hinweis: „Katholisches Kirchen- und Todeslied. Verdiente protestantisch zu sein." Allein durch die Auswahl der Strophen und die Art der Darbietung wird das Lied unterschiedlich interpretiert:

a) Im Sinne eines traurigen Abschieds von einem geliebten Menschen,
b) als Kirchenlied,
c) als geselliges Lied voller Gefühl und Innigkeit,
d) als gesellschaftskritisches, ja politisches Lied (da es in einer Strophe heißt „auch ihr Kaiserkronen, man wird euch nicht verschonen"),
e) als kämpferisches Lied (siehe Röhrich/Brednich 1967, Band 2).

Erk und Böhme bringen von den 16 Strophen nurmehr sechs. Die Gruppe Liederjan singt zwei dort weggelassene Strophen, wählt aber seinerseits nur fünf Strophen aus. Die weggelassenen Strophen lauten:

O König, Kaiser, Fürst und Herr
fürcht euch vorm Schnitter sehr,
Der Herzensbetrüber
je länger, je lieber,
macht alles herunter
tut keinem besonder.
Hüt dich. . .

Er macht so gar kein Unterschied
nimmt alles in einem Schnitt:
Papst, König und Kaiser,
Fürst, Palast und Häuser,
da liegens beisammen
man weiß kaum ein' Namen.
Hüt dich. . .

Johannes Brahms hat das Lied für vierstimmig gemischten Chor komponiert (Nr. 13 der Deutschen Volkslieder, 1864 veröffentlicht) und dabei vier Strophen ausgewählt (1, 2, 4 und 6).

Der Tod als Schnitter.

2. Was heut noch grün und frisch da steht,
Wird morgen weggemäht.
Die edel Narcissel,
Die englische Schlüssel,
Die schön Hyacinthen,
Die türkischen Winden:
Hüt dich, schönes Blümelein!

3. Viel hunderttausend ungezählt,
Was nur unter die Sichel fällt:
Roth Rosen, weiß Liljen,
Beid wird er austilgen,
Und ihr Kaiserk ronen,
Man wird euch nicht verschonen:
Hüt dich, schöns Blümelein!

4. Das himmlische Ehrenpreis,
Die Tulpen gelb und weiß,
Die silbernen Glocken,
Die goldenen Flocken,
Senkt alles zur Erden,
Was wird daraus werden?
Hüt dich schöns Blümelein!

5. Ihr hübsch Lavendel und Rosmarine,
Ihr vielfarbig Röselein,
Ihr stolze Schwertliljen,
Ihr krause Basiljen,
Ihr zarte Violen,
Nun wird euch bald holen;
Hüt dich, schöns Blümelein!

6. Trutz, Tod! Komm her, ich fürcht dich nit!
Trutz, eil daher in einem Schnitt.
Wann Sichel mit letzet,
So werd ich versetzet
In den himmlischen Garten:
Darauf will ich warten.
Freu dich, schöns Blümelein!

Gesang und Instrumente sollten einzeln geübt werden, der Gesang möglicherweise auch mit Unterstützung einer Gitarre.

Nr. 34. Schnitter Tod

Deutsche Volkslieder Nr. 13

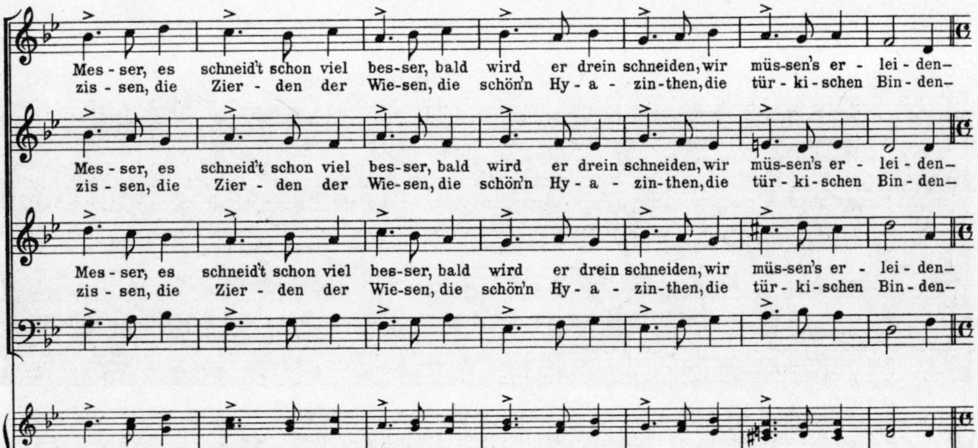

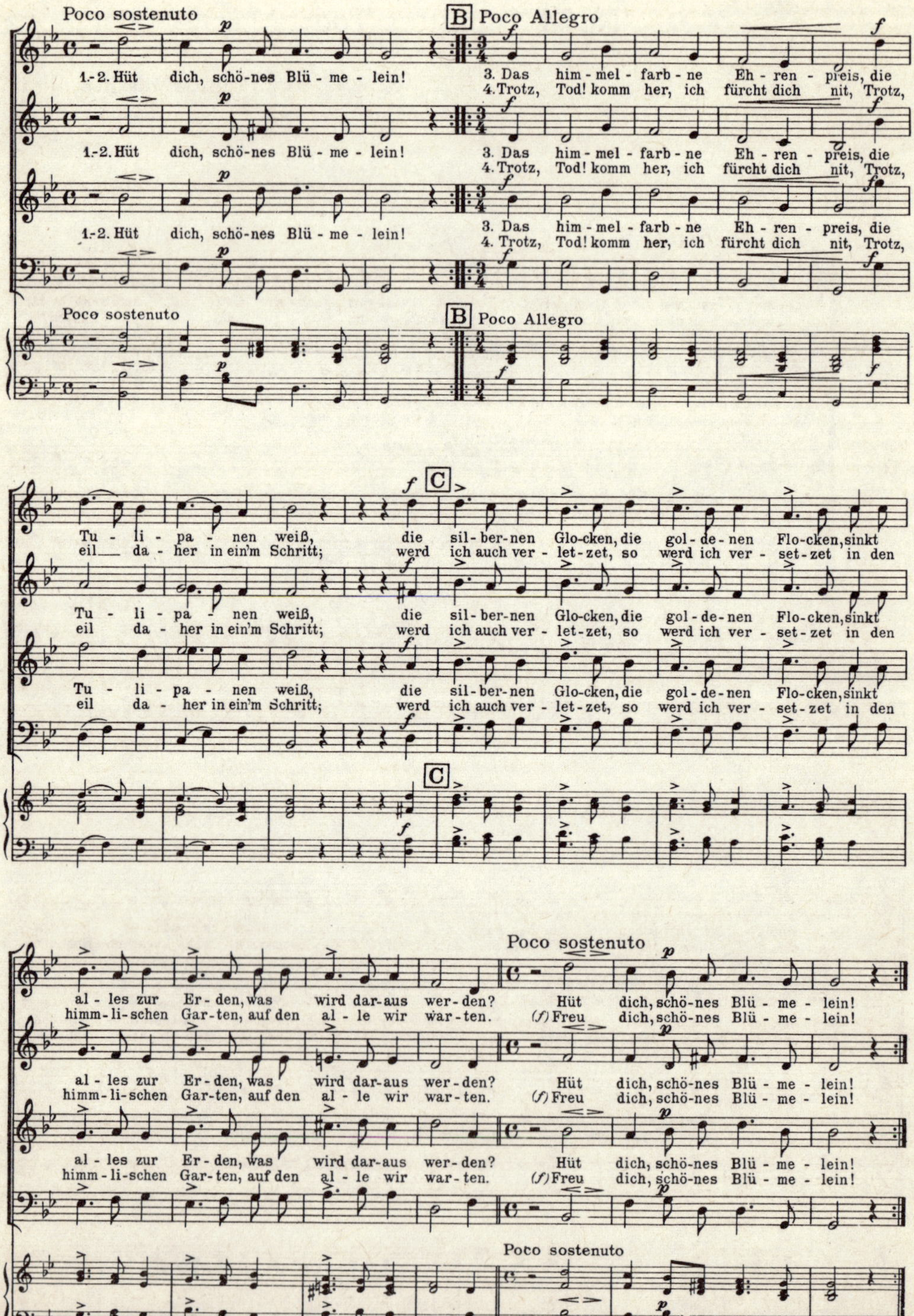
Poco sostenuto
B Poco Allegro
1.-2. Hüt dich, schö-nes Blü - me - lein!
3. Das him - mel - farb - ne Eh - ren - preis, die
4. Trotz, Tod! komm her, ich fürcht dich nit, Trotz,
C
Tu - li - pa - nen weiß, die sil - ber - nen Glo - cken, die gol - de - nen Flo - cken, sinkt
eil da - her in ein'm Schritt; werd ich auch ver - let - zet, so werd ich ver - set - zet in den
al - les zur Er - den, was wird dar - aus wer - den? Hüt dich, schö - nes Blü - me - lein!
himm - li - schen Gar - ten, auf den al - le wir war - ten. (f) Freu dich, schö - nes Blü - me - lein!
Poco sostenuto

Das Arrangement der Gruppe Liederjan kann insofern als typisch für neuere deutsche Folkgruppen angesehen werden, als mit zahlreichen älteren, heute wenig gebräuchlichen Instrumenten experimentiert wird. Beim „Schnitter Tod“ beruht die eindrucksvolle Wirkung unter anderem darauf, daß eine Radleier verwendet wird.

„Es, es, es und es“ ist ein freches Handwerkerlied, in dem wandernde Handwerker sich verabschieden und bei dieser Gelegenheit allen unverblümt die Wahrheit sagen, unter denen sie am alten Ort zu leiden hatten. Als Abschieds- oder Wanderlied wird es oft verharmlost. Das Lied wird hier von der Folkgruppe ESPE gesungen. Nach Steinitz (Band 1, S. 202) entstand es in der 2. Hälfte des 17. Jahrhunderts, andere Ausgaben datieren es erheblich später auf das Jahr 1826 (z. B. Klusen 1980). Auf jeden Fall hat es sich aus der Zeit vor der Industrialisierung erhalten, als noch Handwerk und Zünfte die Erwerbsgrundlage weiter Kreise der Bevölkerung ausmachten.
Der Musiziervorschlag orientiert sich an einer Einspielung der Folkgruppe ESPE (Ariola 28923). Die Gruppe beginnt das Lied im reinen Vokalsatz und fügt nach und nach weitere Instrumente hinzu. Die unterste Gesangsstimme kann auch instrumental ausgeführt werden (Altflöte, Metallophon, E-Orgel).

Es, es, es und es

2.
F
F
C
muß. Drum schlag ich Frankfurt aus dem Sinn und
muß. Drum schlag ich Frankfurt aus dem Sinn und

F
Dm
C
F
C
wen - de mich, Gott weiß, wo - hin. Ich will mein Glück pro -
wen - de mich, Gott weiß, wo - hin. Ich will mein Glück pro -

2. Er, er, er und er, Herr Meister, leb er wohl!
Ich sags ihm grad frei ins Gesicht,
seine Arbeit, die gefällt mir nicht.
Ich will mein Glück probieren, marschieren.

3. Sie, sie, sie und sie, Frau Meisterin, leb sie wohl!
Ich sags ihr grad frei ins Gesicht,
Ihr Speck und Kraut, das schmeckt mir nicht.
Ich will mein Glück probieren, marschieren.

4. Ihr, ihr, ihr und ihr, ihr Jungfern, lebet wohl!
Ich wünsche euch zu guter Letut
ein Andern, der mein Stell ersetzt.
Ich will mein Glück probieren, marschieren.

5. Ihr, ihr, ihr und ihr, ihr Brüder, lebet wohl!
Hab ich Euch was zu leid getan,
so bitt ich um Verzeihung an.
Ich will mein Glück probieren, marschieren.

Ein weiteres Musizierbeispiel ist das Lied „*Zogen einst fünf wilde Schwäne*", das während des 19. Jahrhunderts in Litauen entstand.
Dieses Antikriegs- oder Friedenslied könnte innerhalb einer Einheit zusammen mit „*Where have all the flowers gone*" und „*Sag mir, wo die Blumen sind*" (vgl. oben S. 51) musiziert werden.

Zogen einst fünf wilde Schwäne

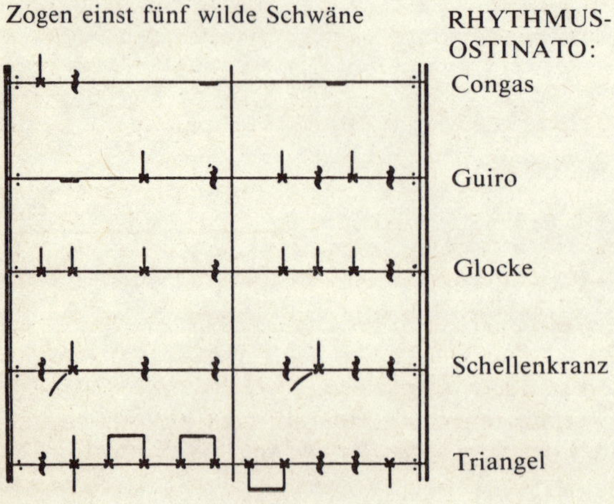

1. Zogen einst fünf wilde Schwäne,
Schwäne leuchtend weiß und schön.
Sing, sing, was geschah?
Keiner ward mehr gesehen, ja.
Sing, sing, was geschah?
Keiner ward mehr gesehn.

2. Wuchsen einst fünf junge Birken
grün und frisch am Bachesrand.
Sing, sing, was geschah?
Keine in Blüten stand.
Sing, sing, was geschah?
Keine in Blüten stand.

3. Zogen einst fünf junge Burschen
stolz und kühn zum Kampf hinaus.
Sing, sing, was geschah?
Keiner mehr kehrt nach Haus.
Sing, sing, was geschah?
Keiner kehrt mehr nach Haus.

4. Wuchsen einst fünf junge Mädchen
schlank und schön am Memelstrand.
Sing, sing, was geschah?
Keins den Brautkranz wand.
Sing, sing, was geschah?
Keins den Brautkranz wand.

Schließlich noch ein Lied aus dem Widerstand: *„Die Moorsoldaten"*. Es entstand 1933 im Konzentrationslager Börgermoor bei Papenburg (Ostfriesland).
Der Text wurde von Wolfgang Langhoff und Esser verfaßt, die Musik (vierstimmiger Männerchor) von Rudi Goguel.
Hanns Eisler hat die Melodie später überarbeitet und vermutlich nicht unerheblich zur weltweiten Verbreitung des Liedes beigetragen. Es steht heute als Zeugnis des Widerstandes gegen den Faschismus überhaupt. Es wird bei politischen Veranstaltungen und unter jugendlichen Folkgruppen viel gesungen.
Die Gruppe ESPE trägt das Lied so vor, daß ein stimmungsseliges, gedankenloses Einstimmen der Zuhörer vermieden wird. Gerade der Refrain, bei dem die Melodie von Moll nach Dur wechselt, verleitet leicht dazu, den Ernst der Umstände, unter denen das Lied entstand und seine erste Verbreitung fand, zu vergessen.
Ausgangspunkt des Arrangements ist eine Platteneinspielung der Gruppe ESPE (Deutscher paritätischer Wohlfahrtsverband P 801). Die Gruppe trägt die Melodie zuerst einstimmig auf einer Gitarre vor. Dabei folgt sie in den Takten 3 und 4 bzw. 7 und 8 der unteren der beiden Stimmen. Die Singstimme wählt den oberen Verlauf.
Im Arrangement ist als schaurige Untermalung eine mit entspanntem Fell zu spielende Handtrommel vorgesehen.
Erst im Refrain treten zur Melodie eine zweite Singstimme, Xylophon und Bratsche (wenn es der Zufall will, daß ein Schüler oder der Lehrer bratscht; ein Cello könnte mit ähnlichem Effekt eingesetzt werden, dazu müßte allerdings die Stimme in eine Notation mit Baßschlüssel umgeschrieben werden).

Die Moorsoldaten

2. Hier in dieser öden Heide
ist das Lager aufgebaut.
Wo wir fern von jeder Freude
hinter Stacheldrahtverhau.

3. Morgens ziehen die Kolonnen
in das Moor zur Arbeit hin.
Graben bei dem Brand der Sonnen –
doch zur Heimat steht ihr Sinn.

4. Heimwärts, heimwärts jeder sehnet
sich zu Eltern, Weib und Kind.
Manche Brust ein Seufzer dehnet,
weil wir hier gefangen sind.

5. Auf und nieder gehn die Posten,
keiner, keiner kann hindurch,
Flucht wird nur das Leben kosten!
Vierfach ist umzäunt die Burg.

6. Doch für uns gibt es keine Klagen,
ewig kanns nicht Winter sein.
Einmal werden froh wir sagen:
Heimat, du bist wieder mein.
Dann ziehn die Moorsoldaten
nicht mehr mit dem Spaten
ins Moor.

Von der englischen Ballade zum amerikanischen Folk-Rock

Wulf Dieter Lugert

Der 25. Juli 1965 spaltete die Folkszene nicht nur in den USA in zwei Lager: Bob Dylan tauschte bei seinem Auftritt auf dem Newport Folk Festival die akustische Gitarre gegen eine „elektrische" und ließ sich von einer typischen Rockbesetzung begleiten. Das jüngste (städtische) Folk-Revival in den USA war zu diesem Zeitpunkt schon einige Jahre alt und hatte unterschiedliche Ausprägungen. Für alle sichtbar wurde es 1958, als das 1957 gegründete KINGSTON-TRIO mit der Neuauflage einer Ballade aus dem 19. Jahrhundert, dem Song von TOM DOOLEY, einen Nr. 1-Hit landete (Material 1). Bei J. F. Leisy (o. J.) finden wir zu diesem Lied folgenden Kommentar (Übersetzung v. Verf.):

„Am 1. Mai 1868... wurde Thomas C. Dula wegen Mordes an Laura Foster gehängt. Noch im selben Jahr wurde die als Komplizin mitangeklagte Ann Melton freigesprochen. Es war offensichtlich so gewesen, daß Dula mit beiden Frauen ein Verhältnis hatte und sich von Laura eine Krankheit geholt hatte, mit der er Ann ansteckte. Nach einem Zeitungsbericht ‚besteht zwischen diesen Leuten ein in der Geschichte des Landes beispielloser Zustand der Unmoral...'. Ob das nun sensationshungriger oder vorurteilsbeladener Journalismus war oder nicht, für den Staat war es ein Mord. Vielleicht hatte man aber auch einfach etwas gegen Dulas Aussehen. Ein Reporter des NEW YORK HERALD beschreibt ihn wie folgt:
‚Der Verurteilte Thomas Dula ist etwa 25 Jahre alt, 186 cm groß, und obwohl nicht hübsch, könnte er gut aussehend genannt werden. Er kämpfte mutig im Dienst der Konförderation..., aber seit Kriegsende ist er rücksichtslos, demoralisiert und ein Desperado geworden, vor dem die Menschen in diesem Staat Angst hatten. Alles in seinem Ausdruck weist auf den verhärteten Meuchelmörder hin – ein wilder Blick in den Augen, eine Menge Bosheit und eine abstoßende Herzlosigkeit.'"

Zwar war es schon vor dem KINGSTON-TRIO vereinzelt Folk-Interpreten gelungen, in die nationalen Hitlisten zu gelangen (1957 z. B. den TARRIERS sowie Harry Belafonte mit dem BANANA-BOAT-SONG), doch waren sie die ersten, die bleibenden Erfolg hatten.
Das KINGSTON-TRIO bestand aus drei „sauberen" Highschool-Boys, die altes Material in schwungvoller Weise, mit meist dreistimmigem Gesang vortrugen. Sie waren es auch, die Albert Grossman, dem Organisator der frühen Newport Folk Festivals, die 1959 auf Anregung von Pete Seeger entstanden, die Gründung der Gruppe PETER, PAUL AND MARY vorschlugen. Indirekt waren sie damit am Entstehen der zweiten erfolgreichen Folk-Gesangsgruppe nach ihnen selbst beteiligt.
PETER, PAUL AND MARY traten ab 1961 in Greenwicher Folk-Clubs auf und gewannen immer mehr Anhänger, Dylan gehörte zu ihrem ersten Stammpublikum. Ihr erster großer Erfolg war eine Version des Songs IF I HAD A HAMMER von Pete Seeger. 1963 machten sie – Dylan war als Interpret noch weithin unbekannt – aus seinem BLOWIN' IN THE WIND einen Nr. 1-Hit und bekamen dafür eine goldene Schallplatte. Wie beim KINGSTON-TRIO war auch bei PETER, PAUL AND MARY fast jede neue Schallplatte ein neuer Erfolg. Identifikationsmöglichkeiten bot das Trio vor

allem auch dadurch, daß es sich politisch engagierte und bei Demonstrationen und anderen Protestveranstaltungen auftrat.
Von ihren eigenen Liedern konnte sich vor allem PUFF THE MAGIC DRAGON durchsetzen und gehörte schnell zum Liedrepertoire der studentischen Jugend nicht nur in den USA.
Seinen musikalischen Ursprung hatte das urbane Folk-Revival in Gruppen wie den WEAVERS, die mit GOODNIGHT IRENE von Leadbelly 1950 den Nr. 1-Hit des Jahres hatten.
Die WEAVERS waren eine politisch engagierte Folkgruppe um Pete Seeger, die 1950 gegründet wurde und sich bereits 1952 dem Druck der McCarthy-Ära durch Auflösung beugte. Lillian Roxon (1971, S. 519) schreibt über sie (Übersetzung v. Verf.):

„Zurückblickend ist es offensichtlich, daß die Weavers unter dem Gesichtspunkt des Massenmarktes zu früh kamen. Ihre Version von Leadbellys Lied GOODNIGHT IRENE war 1950 dreizehn Wochen lang die Nummer Eins, ein besonders erstaunliches Ergebnis, wenn man bedenkt, daß die Hitparaden 1950 von Patti Page, Mario Lanza, Doris Day, Bing Crosby, Perry Como, den Andrew Sisters und Eddie Fisher dominiert wurden. Sie brachten es auch fertig, mit Woodie Guthries ‚So it's been good to you' und ‚On top of old smokey' in die Hitparaden zu kommen. Sie waren die erste große Folkgruppe, die sich außerhalb der Folk-Kreise gut verkaufte. Nichtsdestoweniger war es aus dem einen oder anderen Grund zu früh für den überwältigenden Erfolg, den das KINGSTON-TRIO etwa ein Jahrzehnt später haben sollte."

Die WEAVERS waren im Grunde eine Nachfolgegruppe der ALMANAC-SINGERS, der neben dem jungen Pete Seeger noch der legendäre Woodie Guthrie angehörte. Die ALMANAC-SINGER waren politisch stark engagiert und sangen überwiegend bei politischen Veranstaltungen der Gewerkschaften und in den Universitäten. Ihr Repertoire bestand aus traditionellen und neuen Folk-Songs und aktuellen politischen Liedern. Sie wurden 1940 gegründet und lösten sich mit dem Kriegseintritt der USA 1942 wieder auf.
Das Lied, mit dem sie am häufigsten identifiziert wurden, war das wichtigste Lied der damaligen Gewerkschaftsbewegung, WHICH SIDE ARE YOU ON, geschrieben von Florence Reece in einem Streik der Bergarbeiter Kentuckys im Jahre 1932" (Siniveer 1981, S. 15).
Für Alan Lomax war Woody Guthrie „der großartigste Balladenschreiber, den Amerika je gekannt hat". 1912 geboren, „brachte er es in seiner Schaffenszeit von 1932 bis 1952 auf über 1000 Lieder aus eigener Feder" (Siniveer 1981, S. 118). Daß der größte Teil dieser Lieder aus Umformungen oder Übernahmen traditionellen Liedmaterials bestand, schmälert nicht Guthries Bedeutung.

„Er schrieb seine Texte zu Melodien, die meist erweiterte alte Volkslieder waren... Oft genug wußte er nicht genau, woher er die Melodie hatte, bis man es ihm dann sagte... Er spielte solange mit den Elementen einer Strophenmelodie, bis er einzelne Elemente so zusammengefügt und arrangiert hatte, daß sie einen Refrain ergaben, den man singen konnte. Er hat nur ganz selten auf Bestellung ein Lied geschrieben. Alles, worüber man diskutieren konnte, war ihm einen Song wert: eine Zeitungsmeldung auf der 1. Seite, optische und akustische Eindrücke vom Leben auf dem Lande; alles, was ihm beim Lesen in den Sinn kam – von Rabelais bis Will Rogers. Er komponierte für sich und seine Freunde, und von Hitparaden und kommerziellem Erfolg hielt er wenig" (Seeger in: Guthrie 1977, S. 6).

Erste regionale Bedeutung erlangte Guthrie, als er 1935 beim lokalen Sender in Los Angeles eine tägliche Radiosendung bekam (zusammen mit Lefty Lou). Auf Anfragen verschickte er die Texte der Lieder mit folgender Anmerkung:

„Dieses Lied ist in den USA urheberrechtlich geschützt... und jeder, der es ohne unsere Erlaubnis singt, wird unser bester Freund sein, da wir uns daraus was machen. Veröffentlicht es.

Schreibt es. Singt es. Swingt dazu. Jodelt es. Wir haben es geschrieben, das ist alles, was wir machen wollten" (zit. nach Siniveer 1981, S. 119f.).

Daß Guthrie diese Devise nicht ganz konsequent durchhielt, zeigt sich daran, daß sein bekanntestes Lied THIS LAND IS YOUR LAND von ihm als Eigenkomposition urheberrechtlich geschützt wurde, obwohl die Melodie auf eine traditionelle, schon von der CARTER-FAMILY gesungene zurückgeht.

Guthrie war politisch sehr aktiv und trat häufig bei Streiks und Gewerkschaftsveranstaltungen auf. Dabei lernte er auch den jungen Pete Seeger kennen, mit dem zusammen er bei den ALMANAC-SINGERS musizierte (noch dabei waren Lee Hayes und Mill Lampell). 1967 starb Guthrie an den Folgen der Huntingtonschen Krankheit, die ihn schon seit 1952 an das Krankenbett gebunden hatte.

Die zweite legendäre Gestalt schon der 30er und 40er Jahre neben Woody Guthrie ist Huddie Ledbetter, bekannt als Leadbelly. Ledbetter war eine Entdeckung von John und Alan Lomax, die in den 30er-Jahren, vom Kongreß mit großen finanziellen Mitteln ausgestattet, Folk-Songs sammelten und zu diesem Zweck Sänger aufzuspüren versuchten. Sie fanden Leadbelly 1933 im Gefängnis in Louisiana, wo er wegen Mordes eine 20jährige Gefängnisstrafe verbüßen sollte. Vor allem ihrem Einsatz ist es zu verdanken, daß Ledbetter ein Jahr später begnadigt wurde und durch seine Auftritte weithin bekannt wurde.

Ledbetter wurde 1885 geboren und hatte sich schon als 16jähriger (zusammen mit seinem Freund Blind Lemon Jefferson) sein Geld als Straßenmusikant verdient. Von Anfang an spielte er eine 12saitige Gitarre und nannte sich später auch „König aller 12-string-Gitarristen der Welt".

In die Fußstapfen von Guthrie und Leadbelly trat der Mann, der die zentrale Gestalt des Revivals der 50er und 60er Jahre werden sollte: Pete Seeger. Er kam aus einer Musikerfamilie, der Vater war Musikwissenschaftler, die Mutter Geigenlehrerin. Geboren 1919, wandte er sich schon früh der Volksmusik und dem fünfsaitigen Banjo zu (seine Schule zu diesem Instrument gilt heute noch als Standardwerk, vgl. Seeger 1965). Er studierte in Harvard Soziologie und wollte eigentlich Journalist werden. Da er keine Arbeit fand, begleitete er Alan Lomax auf einigen Forschungsreisen für die Library of Congress. Dadurch lernte er viel traditionelles Liedgut kennen, das (wie bei Guthrie) die Grundlage für sein Repertoire bildete. Ab 1940 trat Seeger professionell als Sänger auf, bis 1942 auch als Mitglied der ALMANAC-SINGERS. 1950 gründete er zusammen mit Lee Hayes die WEAVERS, die kommerziell großen Erfolg hatten. Da Seeger politisch stark engagiert war, trat er überwiegend bei Gewerkschaftsveranstaltungen und Veranstaltungen der kommunistischen Partei auf. Dies hatte zur Folge, daß er in der McCarthy-Ära große Schwierigkeiten hatte. Wie viele andere engagierte Künstler (z.B. Brecht und Chaplin) wurde er vor den „Ausschuß für unamerikanische Umtriebe" (HUAC) geladen und anschließend wegen Verächtlichmachung des Kongresses angeklagt. 17 Jahre stand er auf der „schwarzen Liste", was bedeutete, daß er keinerlei Rundfunk- und Fernsehauftritte in den USA bekommen konnte.

Seegers sozialkritische Lieder gingen in den 60er Jahren rund um die Welt und sind feste Bestandteile auch bundesdeutscher Liederbücher geworden: IF I HAD A HAMMER, WHERE HAVE ALL THE FLOWERS GONE, GUANTANAMERA u.a.

Seeger beinhaltet als einerseits individueller politischer Sänger, andererseit „Hit-Produzent" mit dem glatten mehrstimmigen Gesang der WEAVERS, bereits die beiden Stränge des Folk-Revivals in den 60er Jahren: Interpreten wie Joan Baez, Joni Mitchel und Bob Dylan mit individueller gesanglicher Ausdrucksstärke auf der einen und glatter mehrstimmiger Gesang bei PETER, PAUL AND MARY, den BROTHERS-FOUR oder dem KINGSTON-TRIO.

Der Stil, wie er von den WEAVERS und später von den eben angesprochenen Gesangsgruppen produziert wurde, geht zurück auf das Folk-Revival der 20er und 30er Jahre und hier vor allem auf die CARTERFAMILY.
Die „Original"-CARTERFAMILY (1927–1943), wie sie heute zur Unterscheidung von Nachfolgegruppen genannt werden muß, bestand aus Alvin Pleasant Carter, seiner Frau Maybelle Carter und seiner Schwägerin Sarah Carter. Sie machten ihre erste Schallplatteneinspielung 1927 mit dem WORRIED MAN BLUES (Material 2) und wurden vor allem aufgrund ihrer regen Radioaktivitäten schnell zur einflußreichsten Gruppe der damaligen Country-Music. Sie repräsentierten den Stil, der auch als „Mountain" bezeichnet wurde. Diese Musik kam überwiegend aus dem Appalachengebirge und war in ihren Grundzügen konservativ. Das Liedgut war überliefert, gesungen wurde mit hoher nasaler Stimme. Die Instrumentalbegleitung bestand aus Gitarre und Autoharp. Die Autoharp ist ein Instrument, das um 1880 von dem deutschen Einwanderer Karl Zimmermann entwickelt wurde und auf der Zither basiert. Die Spielweise der Zither wird bei der Autoharp dadurch vereinfacht, daß die einzelnen Akkorde nicht gegriffen werden müssen, sondern durch Knopfdruck gespielt werden. Die Autoharp erfreute sich sehr schnell aufgrund ihres niedrigen Preises und der einfachen Spielweise großer Beliebtheit und wurde millionenfach verkauft.

„Zur Musik der Carter Family selbst ist zu sagen, daß in den meisten auf Schallplatten festgehaltenen Titeln Sarah Carter die erste Stimme sang und in der Regel die Autoharp spielte, während Maybelle mit ihrer angenehmen Altstimme die zweite Stimme übernahm, und A. P. das Ganze mit seinem Kirchenbaß untermalte. Maybelle spielte meist Gitarre und übernahm in vielen Fällen den Melodiepart, gespielt mit sogenannten ‚Carter Licks': Melodie auf den Baßsaiten und Rhythmus auf den oberen drei Saiten. Das war eine neue Technik, von der sich später viele bekannte Gitarristen beeinflussen ließen, z. B. Woodie Guthrie, der unzählige Songs aus dem Repertoire der Carter Family übernommen und zum Teil auch neue Texte zu den Melodien geschrieben hat, THIS LAND IS YOUR LAND hieß bei den Carters noch LITTLE DARLING, PAL OF MINE" (Fuchs 1980, S. 35).

Fuchs übersieht hier allerdings den Einfluß, den die Musik der Schwarzen und speziell deren Gitarrenstil, verächtlich „Nigger-picking" genannt, auf die Musik der CARTERFAMILY hatte. Nicht zufällig war der erste von ihnen aufgenommene Titel WORRIED MAN BLUES bereits eine Mischform aus schwarzer und weißer Musik.

„Dabei wird an der Instrumentaltechnik auf der Gitarre oder der Autoharp deutlich, daß auch die überzeugtesten Puristen an der Qualität der Schwarzen Musik jener Zeit nicht vorbeikamen. Durch schwarze Einflüsse konnten die Carters ihrer sonst eher eintönigen und der europäischen Kirchenmusik angepaßten Rhythmuslosigkeit eine gewisse Spannung verleihen" (Siniveer 1981, S. 55).

A. P. Carter sammelte als einer der ersten systematisch überliefertes irisches und englisches Liedgut in den USA. Häufig sicherte er sich die Urheberrechte an den Liedern, und es ist schwer festzustellen, welche der Standards der CARTERFAMILY tatsächlich von ihr stammten.

„So wurde gemeinschaftliches Eigentum privatisiert, zum Nutzen einiger weniger ausgebeutet, ganz legal und demokratisch natürlich" (Kuhnke u. a. 1976, S. 328)

Der zweite, individuellere Stil der späten 20er Jahre, „Country" genannt, wurde in den ersten Schallplatten von Jimmy Rodgers repräsentiert. Diese Stilrichtung war eklektischer, Einflüsse sowohl der populären Musik als auch des schwarzen Blues waren nicht zu überhören. Denkwürdig die BLUE-YODELS von Jimmy Rodgers, wo sich jeweils an eine 12taktige Bluesform ein 8taktiger Jodler anschloß. In den 30er Jahren begann Rodgers – er selbst war vor seiner Berufsmusikerlaufbahn Eisenbahnarbeiter und hatte dabei sowohl den Blues als auch die Country-Musik eingehend kennengelernt –

in Cowboykleidung aufzutreten und schuf damit die Grundlage für die falsche Verbindung von Cowboy und Country-Musik. Aus diesem Stil entwickelte sich im weiteren Verlauf jene Art von Country and Western-Musik, wie sie als Klischee in den Vorstellungen der Europäer existiert und vor allem von der reaktionären COUNTRY-MUSIC-ASSOCIATION in Nashville, Tennessee als alleinseligmachende repräsentiert wird. Nicht zufällig findet man auf der Schallplattenserie THE HISTORY OF COUNTRY MUSIC von Lee Cash weder Leadbelly noch Woody Guthrie, Pete Seeger, die ALMANAC-SINGERS oder die WEAVERS.

Aus dem großen Liedrepertoire der CARTER-FAMILY schöpften alle folgenden Folk-Interpreten auch der 60er Jahre. Dies gilt auch für jene, die wie die zentrale weibliche Interpretin dieser Zeit, Joan Baez, in einem wesentlich individuelleren Stil sangen.

Joan Baez gehörte schon seit ihrem (unangekündigten) Auftritt beim Newport Folk Festival 1959 zur professionellen Folk-Szene. Als Tochter eines zeitweise bei der UNESCO tätigen mexikanischen Physikers und einer schottischen Lehrerin wuchs sie in typischen Mittelschichtverhältnissen auf (vgl. Baez 1968). Politisch trat sie (stärker als der individualistische Bob Dylan) in die Fußstapfen von Woody Guthrie und Pete Seeger. Durch die Einheit von musikalischem und politischem Wirken wurde sie zum Idol der kritischen Jugend der USA. Ihr Song WE SHALL OVERCOME war die Hymne einer Generation.

Das Repertoire von Joan Baez bestand zunächst aus der Wiedergabe traditionellen Liedmaterials, das größtenteils schon von ihren Vorbildern und Vorgängern interpretiert worden war. Wie viele andere Folk-Interpreten stützte sie sich auch auf die Liedsammlungen von Child und Sharp. Francis James Child hatte Ende des 19. Jahrhunderts über 1300 Varianten von 305 alten Balladen in den USA gesammelt (vgl. Child 1975), und Cecil Sharp hatte in den Jahren von 1910–20 in den Appalachen altes Liedgut gesammelt und veröffentlicht (vgl. Sharp 1932). Relativ großen Einfluß hatten auch die drei FOLKWAY-LPs ANTHOLOGY OF AMERICAN FOLK MUSIC (vgl. Dunson/Raim 1973), da auf ihnen erstmals traditionelles Liedgut in authentischer Interpretation veröffentlicht wurde.

Joan Baez ist der Durchbruch des Sängers zu verdanken, der den Kulminationspunkt der Folk-Musik in den 60er Jahren bilden sollte: Bob Dylan alias Robert Zimmermann. 1941 geboren, interessierte er sich als Jugendlicher einerseits für den Rock'n'Roll z.B. eines Buddy Holly, andererseits für Blues und die Folksongs von Woody Guthrie und Pete Seeger. Schon auf der Highschool gründete er einige Folkbands und änderte 1959 unter dem Eindruck des walisischen Dichters Dylan Thomas seinen Namen in Bob Dylan. Ab 1961 trat er im New Yorker Künstlerviertel Greenwich Village in Folk-Clubs auf, konnte jedoch wegen seiner Stimme kaum Erfolge ernten. Doch die bereits „arrivierte“ Joan Baez lernte Dylan kennen, war von ihm fasziniert und bot ihm in ihren Konzerten und Shows Auftrittsmöglichkeiten. Die erste LP produzierte Dylan 1962, und sie enthielt Blues-Nummern von Bukka White und Blind Lemon Jefferson sowie Folk-Traditionals wie HOUSE OF THE RISING SUN (das später vor allem in der Fassung der ANIMALS in Europa bekannt werden sollte) und MAN OF CONSTANT SORROW. Bereits auf der zweiten LP präsentierte er ausschließlich Eigenkompositionen, darunter BLOWIN' IN THE WIND, A HARD RAIN'S GONNA FALL und DON'T THINK TWICE, IT'S ALRIGHT. Wegen des letzten Titels zerbrach die Zusammenarbeit zwischen Dylan und Paul Clayton, da Dylan den Song als seine Komposition ausgab, obwohl die Melodie auf dem von Clayton in den Appalachen entdeckten Song WHO'LL BUY YOUR CHICKENS WHEN I'M GONE basierte. Derartiges finden wir bei Dylan nicht selten, und er steht mit diesen Urheberrechtsmanipulationen durchaus in der Tradition einer CARTER-FAMILY, ei-

nes Leadbelly oder eines Woody Guthrie (vgl. Seeger, in: Guthrie 1977, S. 6). Schmidt (1983, S. 78f.) zeigt überzeugend, wie z.B. aus der alten englischen Ballade LORD RANDAL über nordamerikanische Varianten Dylans A HARD RAIN'S GONNA FALL (Material 3) entstand. Aus „O where ha you been, Lord Randal, my son/And where ha you been, my handsome young man?" in der alten englischen Version wurde bei Dylan schließlich „Oh, where have you been, my blue-eyed son?/Oh, where have you been, my darling young one?".
1965 sorgte Dylan schließlich für den eingangs erwähnten Eklat, als er auf dem Newport Folk Festival selbst E-Gitarre spielte und sich von der PAUL BUTTERFIELD BLUES BAND begleiten ließ. Diese Band, 1965 gegründet, war eine der ersten Gruppen, die mit Rockinstrumentarium traditionellen Blues spielte. Die zweite wichtige Gruppe dieser Art, im selben Jahr zusammengestellt, war CANNED HEAT, die mit ON THE ROAD AGAIN einen Klassiker dieses Stils schuf. Dylan hatte schon vor diesem spektakulären Auftritt seine 5. LP BRINGING IT ALL BACK HOME, (in Deutschland unter dem Titel SUBTERRANEAN HOMESICK BLUES), mit Studio-Rockmusikern und der E-Gitarre eingespielt.
Die elektrisch verstärkte Gitarre hatte übrigens in der Country-Musik schon in den 30er Jahren eine wichtige Rolle gespielt, ihr Einsatz war also nichts Sensationelles. Der eigentliche Schock war die Vermengung von Folk- und Rockelementen.

„Folk war Integrität, Reinheit, das Volk. Rock war Tin Pan Alley, Korruption, Payola, das Establishment. Wer hätte vorhersagen können, daß diese zwei sich treffen würden? Als Dylan zum ersten Mal elektrisch verstärkt beim Newport-Festival und in Forest Hills sang, schien dies ein Ausverkauf zu sein. Es gibt immer noch Leute, die das so fühlen. In Wirklichkeit ging er wie jeder andere mit den veränderten Verhältnissen. Bevor die Byrds mit dem ersten der Folk-Rock-Hits, Mr. Tambourine Man, herauskamen, war ein rockender Dylan so unvorstellbar ... wie ein ‚Hard Rain's gonna fall-Cha-Cha', ein ‚Masters of War-Twist' oder ein ‚Girl from the North Country-Bossa Nova'. Aber die Byrds waren anders. Die Byrds waren mystisch und heilig. Die Byrds konnten nichts Falsches machen. Und der Rock, den sie spielten, war nicht Tin Pan Alley, sondern Musik von einem anderen Planeten" (ROXON 1969, S. 187).

Dylan gilt seither als „Vater" des „Folk-Rock", doch der von der Zeitschrift BILLBOARD geschaffene Begriff FOLK-ROCK sollte eigentlich jene Musik kennzeichnen, wie sie die BYRDS u.a. mit Liedern von Dylan (MR. TAMBOURINE MAN, 1965) und Woody Guthrie (TURN, TURN, TURN, 1966, Material 4) publikumswirksam bereits seit 1964 machten. Man erinnere sich hier auch daran, daß der Rockabilly als Stilrichtung des Rock'n'Roll (Presley, Perkins, Lewis) bereits am Anfang der 50er Jahre eine Synthese aus Country-Music und Rhythm and Blues-Stilen darstellte. Auch der Gesangsstil der EVERLY-BROTHERS (ab 1957) war eindeutig der Country-Music entlehnt.
Dylan wandte sich in der Folgezeit immer mehr vom engagierten politischen Lied ab zu einer Form von z.T. religiöser Innerlichkeit. Seine Interviews lassen erkennen, daß er nirgends eingeordnet werden will und daß sich seine Vorstellungen aus der Tradition der volkstümlichen Ballade ableiten:

„Traditionelle Musik basiert auf Hexachorden. Sie kommt von Legenden, Biblischem, Plagen, und es dreht sich um Vegetation und Tod. Es gibt niemand, der die traditionelle Musik töten könnte. All diese Songs über Rosen, die den Leuten aus ihren Köpfen wachsen, und über die Liebenden, die Gänschen und Schwäne, die sich in Engel verwandeln – sie werden nicht sterben ... Ich hörte mir die alten Balladen an, aber ich würde sie mir nicht auf einer Party anhören. Ich könnte dir Details von dem schildern, was sie für mich bedeuten, aber manche Leute würden möglicherweise denken, daß ich verrückt geworden bin" (Miles/Marchbank 1978, S. 117).

Daß sich rockmusikalische Interpretationen der Substanz auch von Dylans frühen Liedern eher anzunähern vermögen als zu Plastik gewordene Folk-Schablonen, zeigen diverse Aufnahmen von ihm selbst und von anderen Interpreten. Dabei steht der frühe Folk-Rock der BYRDS mit seiner Süßlichkeit den Interpretationen von PETER, PAUL AND MARY allerdings noch sehr nahe, während etwa IT'S ALL OVER NOW BABY BLUE in der Fassung von THEM bereits kaum mehr als Folk-Rock zu bezeichnen ist.

Mit der Gruppe LOVING SPONFUL und den MAMAS AND PAPAS entwickelte sich an die BYRDS anknüpfend eine eigene „authentische" Form von Folk-Rock. Chris Hillman und Graham Parsons gründeten nach der Auflösung der BYRDS (1968) die FLYING BURRITO BROTHERS. Diese Band wollte eine stärkere Verbindung von Country-Musik mit Rockelementen, als dies bei den BYRDS der Fall war. Mit ihrem ersten Album (GILDED PALACE OF SINS, 1969) setzten sie die Entwicklung des Country-Rock in Gang und beeinflußten Country-Musiker wie Willie Nelson und Waylon Jennings.

An die BYRDS erinnerte stilistisch auch der erste große Erfolg des Folk-Duos SIMON AND GARFUNKEL: THE SOUNDS OF SILENCE.

Für die weitere Entwicklung des Folk-Rock war eine Gruppe aus erst drei, dann vier gleichberechtigten Musikern besonders wichtig. Crosby, Stills and Nash, zu denen sich ein Jahr später noch Neil Young gesellte, galt als „Supergruppe" und wurde 1968 von Musikern der Gruppen BUFFALO SPRINGFIELD (Stills und Young), HOLLIES (Nash) und BYRDS (Crosby) gegründet. Bereits die erste LP CROSBY, STILLS & NASH wurde ein großer Erfolg. Beeindruckend vor allem die Harmonik und die dichten Gesangsarrangements des Trios, so z.B. bei Graham Nashs LADY OF THE ISLAND.

1971 brach das Quartett schon wieder auseinander, doch hatte es einerseits vor allem mit der LP DEJA VU Maßstäbe gesetzt, andererseits setzten alle vier Musiker ihre Karriere in Soloprojekten fort und gaben auch dabei dem Folk-Rock weitere Impulse.

David Crosby ist es auch zu verdanken, daß eine der interessantesten Folk-Sängerinnen der Durchbruch gelang: der Kanadierin Joni Mitchel. Er produzierte 1968 die erste LP JONI MITCHEL, und bereits für die zweite (CLOUDS) wurde sie als „Beste Folk-Musikerin" mit einem GRAMMY AWARD ausgezeichnet.

Joni Mitchel gelang es einerseits durch die Einbeziehung von Blues-, Country- und Jazzelementen, andererseits durch fast experimentellen Umgang mit ihrer Stimme, einen unverwechselbaren Stil zu entwickeln. Ihre Kompositionen BOTH SIDES NOW und WOODSTOCK wurden zu Klassikern des Folk und Folk-Rock.

Anknüpfend an die Entwicklungen der 60er Jahre wurde das stilistische Spektrum in den 70ern breiter und vielfältiger. Folk- oder Countryelemente findet man bei vielen Rocktiteln, man denke an Interpreten wie die EAGLES oder FLEETWOOD MAC, Rockelemente in fast jeder Folk- oder Countryproduktion.

Wieder einmal – wie schon so oft in der Musikgeschichte - haben sich unterschiedliche Stilarten zu neuen differenzierten Stilen verbunden.

Anhang

Materialien

Leider war es aufgrund der gebotenen Kürze nicht möglich, alle zitierten Lieder in diesen Anhang aufzunehmen. Den größten Teil der Lieder findet man in den gängigen Liederbüchern.

1. TOM DOOLEY
2. WORRIED MAN BLUES
3. A HARD RAINS A-GONNA FALL
4. TURN, TURN, TURN

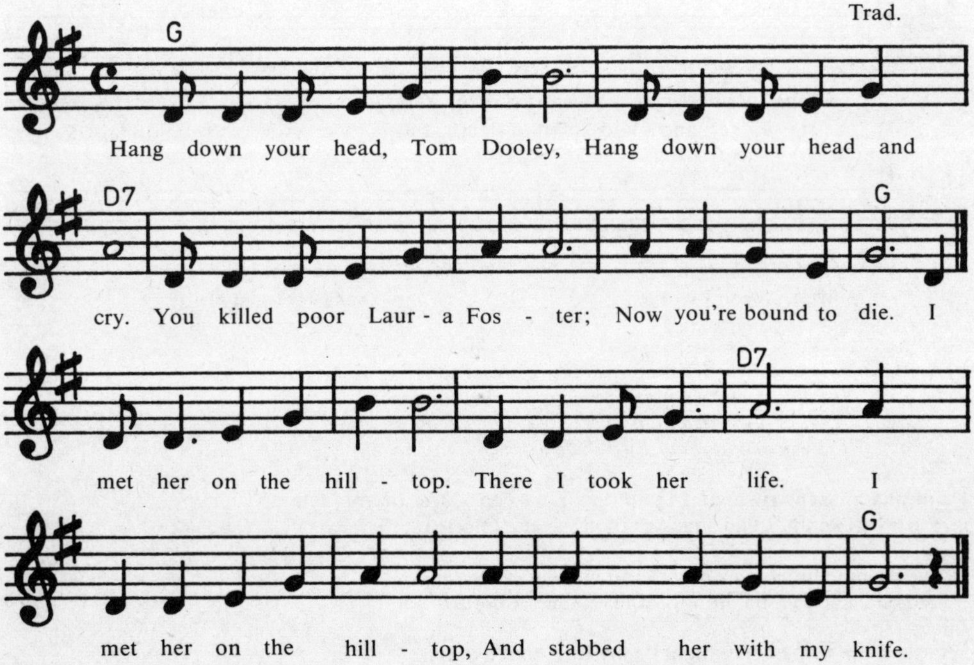

2. I killed her on the hilltop,
   God Almighty knows.
   I killed her on the hilltop
   And there I hid her clothes.

3. Tonight I'll pick my banjo.
   I'll pick it on my knee.
   Tomorrow I'll be hangin'
   From a white oak tree.

4. This day and one more,
Do you reckon where I'll be?
This day and one more
And I'll be in eternity.

5. I had my trial at Wilkesboro.
Oh, what do you reckon they done?
They bound me over to Statesville,
And that's where I'll be hung.

6. Daddy, oh my Daddy,
What shall I do?
I have lost all my money,
And killed poor Laury, too.

7. Mother, oh dear Mother,
Oh, don't you weep and cry.
I have killed poor Laury Foster,
And you know I'm bound to die.

8. Oh, what my mother told me
Is about to come to pass:
That drinkin' and the woman
Would be my ruin at last.

WORRIED MAN BLUES

Trad.

CHORUS: *It takes a worried man to sing a worried song,*
It takes a worried man to sing a worried song,
It takes a worried man to sing a worried song,
I'm worried now but I won't be worried long.

1 I went across the river, and I laid down to sleep, *(three times)*
When I woke up, I had shackles on my feet. *(Chorus)*

2 Twenty-nine links of chain around my leg, *(three times)*
And on each link, the initials of my name. *(Chorus)*

3 I asked the judge what might be my fine, *(three times)*
Twenty-one years on the R.C. Mountain line. *(Chorus)*

4 The train arrived, sixteen coaches long, *(three times)*
The girl I love is on that train and gone. *(Chorus)*

5 If anyone asks you who composed this song, *(three times)*
Tell him 'twas I, and I sing it all day long. *(Chorus)*

A HARD RAIN'S A-GONNA FALL

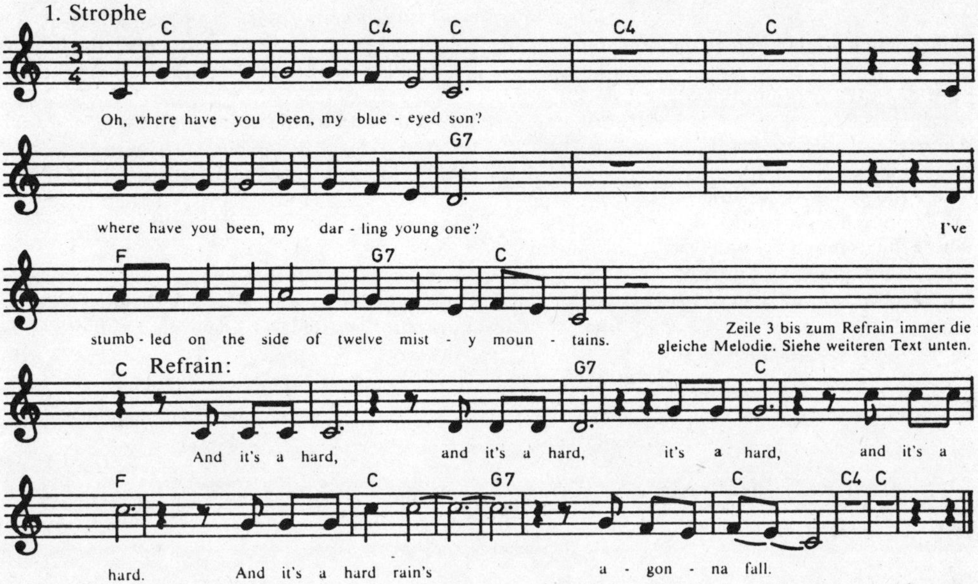

1. Oh where have you been, my blue-eyed son?
And where have you been, my darling young
[one?
I've stumbled on the side of twelve misty
[mountains,
I've walked and I've crawled on six crooked
[highways,
I've stepped in the middle of seven sad forests,
I've been out in front of a dozen dead oceans,
I've been ten thousand miles in the mouth of a
[graveyard.
Refrain:

2. Oh what did you see, my blue-eyed son?
And what did you see, my darling young one?
I saw a new born baby with wild wolves all
[around it,
I saw a highway of diamonds with nobody on it,
I saw a black branch with blood that kept
[dripping,
I saw a room full of men with their hammers
[a-bleeding,
I saw a white ladder all covered with water,
I saw ten thousand talkers whose tongues were
[all broken
I saw guns and harp swords
In the hands of young children.
Refrain:

3. And what did you hear, my blue-eyed son?
And what did you hear, my darling young one?
I heard the sound of a thunder
That roared out a warning,
I heard the roar of a wave
That could drown the whole world,
I heard one hundred drummers
Whose hands were a-blazing,
I heard ten thousand whispering and nobody
[listening,
I heard one person starve, I heard many people
[laughing,
I heard the song of a poet who died in the
[gutter,
I heard the sound of a clown who cried in the
[alley.
Refrain:

4. Oh who did you meet, my blue-eyed son?
And who did you meet, my darling young one?
I met a young child beside a dead pony,
I met a white man who walked a black dog,
I met a young woman whose body was
[burning,
I met a young girl, she gave me a rainbow,
I met one man who was wounded in love,
I met another man who was wounded in
[hatred.
Refrain:

5. And what'll you do now, my blue-eyed son?
And what'll you do now, my darling young
[one?
I'm a going back out before the rain starts
[a-falling,
I'll walk to the depth of the deepest dark
[forest,
Where the people are many
And their hands are all empty,
Where the pellets of poison
Are flooding their waters,
Where the home in the valley
Meets the damp dirty prison
And the executioner's face is always well
[hidden,
Where hunger is ugly, where the souls are
[forgotten,
Where black is the colour, where none is the
[number,
And I'll tell it and speak it and think it and
[breathe it,
And reflect from the mountain so all souls can
[see it,
then I'll stand on the ocean until I start
[sinking,
But I'll know my song well before I start
[singing:
Refrain:

Melodie und Text: Bob Dylan

TURN, TURN, TURN

2. A time to build up, a time to break down;
A time to dance, a time to mourn;
A time to cast away stones.
A time to gather stones together.
Refrain:

3. A time of love, a time of hate;
A time of war, a time of peace;
A time you may embrace,
A time to refrain from embracing.
Refrain:

4. A time to gain, a time to lose;
A time to rend, a time to sew;
A time to love, a time to hate;
A time for peace, I swear it's not too late.
Refrain:

Melodie und Text: Pete Seeger

Musikunterricht mit ausländischen Kindern

Irmgard Merkt

I. Ausländische Kinder in deutschen Schulen

Im Schuljahr 1980/81 haben 637.073 ausländische Kinder die allgemeinbildenden Schulen der Bundesrepublik Deutschland besucht und noch einmal 101.140 die berufsbildenden Schulen (Funke 1982, Anh. XI). Das macht zusammen 738.213 ausländische Schülerinnen und Schüler – die pädagogische Herausforderung für das deutsche Schulsystem ist groß. Dieser Herausforderung hatten sich bislang in erster Linie die Grund- und Hauptschulen zu stellen. Die Grundschule ohnehin – seit der Einführung der allgemeinen Schulpflicht für ausländische Kinder in den frühen 60er Jahren. Und die Hauptschule als logische Folge sozialisations- und sprachbedingter Probleme ausländischer Kinder in Deutschland. Bleibt die Hauptschule auch weiterhin die Haupt-Schule für ausländische Kinder, so machen Zahlen in Nordrhein-Westfalen deutlich, daß der Ruf „Schick dein Kind auf bessere Schulen" auch die ausländischen Eltern erreicht hat: In den Realschulen waren im Schuljahr 1983/84 4,2%, in den Gymnasien 3,1% und in den Gesamtschulen 10,8% der Schülerinnen und Schüler Ausländerkinder (Dubbert 1984, S. 13ff.). Dieser Trend zu Realschule, Gesamtschule und Gymnasium ist steigend – auch wenn die Zahlen der Ausländerkinder insgesamt leicht rückläufig sind. Geht man davon aus, daß Nordrhein-Westfalen kein Sonderfall ist, so wird deutlich, daß in den kommenden Jahren nicht mehr nur die Hauptschule, sondern die *ganze* Sekundarstufe I mit Fragen der Ausländerpädagogik konfrontiert sein wird. Ausländer*pädagogik* passiert freilich nicht im unpolitischen Raum, sie ist eng verknüpft mit den Fragen der Ausländer*politik*. Die *„offizielle"* Ausländerpolitik sah und sieht den Aufenthalt der ausländischen Arbeitnehmer und ihrer Familien seit mehr als 20 Jahren als vorübergehend an und lehnt die Definition der Bundesrepublik als Einwanderungsland kategorisch ab – ungeachtet der Sprache, die die immer längeren Aufenthaltsdauern ausländischer Arbeiterfamilien in Deutschland sprechen (Kühn 1979, S. 3ff.). Ihren pädagogischen Ausdruck findet die Vorstellung von der Rückkehr im Ansatz der sogenannten *„Doppelstrategie"*, die sich mit Varianten in fast allen Bundesländern durchgesetzt hat. Was mit *„Doppelstrategie"* gemeint ist, zeigt ein Zitat aus den Richtlinien für den Unterricht der Kinder ausländischer Arbeitnehmer in Nordrhein-Westfalen:

> „Für die Kinder ausländischer Arbeitnehmer hat der Unterricht eine Doppelaufgabe zu erfüllen: Er soll einerseits beitragen zur sozialen Eingliederung der ausländischen Schüler für die Dauer ihres Aufenthalts in der Bundesrepublik Deutschland; dazu gehört u.a. die Hinführung zur Beherrschung der deutschen Sprache und die Befähigung zum Erwerb der deutschen Schulabschlüsse. Der Unterricht muß aber gleichzeitig auch die Identität der ausländischen Kinder mit Sprache und Kultur ihrer Heimatländer erhalten und fördern; dazu gehört u.a. die Erhaltung und Erweiterung der Kenntnisse der Muttersprache" (Richtlinien ... 1977, S. 1).

Hier zeichnet sich ein Begriff ab, der im Rahmen der Ausländerpädagogik für viele und gegensätzliche Argumente herangezogen wird, der Begriff der „kulturellen Identität". Er wird zum einen benutzt von denen, die von der Remigration, der Rückkehr der ausländischen Familien in ihre Herkunftsländer ausgehen. Kulturelle Identität heißt dann in erster Linie Bewahren der heimatlichen Kultur, wird also im statischen Sinne gebraucht. Der Begriff wird zum anderen benutzt von denen, die sich argumentativ auf die immer längeren Aufenthaltsdauern der ersten und der zweiten Ausländergeneration stützen und die konsequenterweise die Doppelstrategie ablehnen. Kulturelle Identität heißt dann Entwicklung einer *neuen* Identität in einer neuen Situation, wird also im dynamischen Sinne gebraucht. Daß diese Entwicklung nicht geschichtslos, nicht ohne die Kultur des Herkunftslandes passieren kann und soll, ist selbstverständlich. Die pädagogische Umsetzung dieses Ansatzes findet Ausdruck in Konzeptionen des *„interkulturellen Unterrichts"*. Hat die Ausländerpädagogik diesen Begriff bislang ebensowenig definiert wie den der kulturellen Identität (Hohmann 1983, S. 4ff.), so füllt er sich doch in zunehmendem Maße mit Inhalten, dies freilich überwiegend „von unten" – aufgrund der schulischen Praxis engagierter Kolleginnen und Kollegen. Zum Selbstverständnis des interkulturellen Unterrichts gehören Schlagworte wie:

- Erweiterter Kulturbegriff
- Gegenseitige Lernchancen
- Offenes Handlungskonzept
- Konfliktlösungskonzept

Deutlich wird in zunehmendem Maße, was interkultureller Unterricht *nicht* ist: Folklore, Bouzouki, Sirtaki, Oliven, Rosmarin und Schafskäse – einmal jährlich.

II. Ausländische Kinder und Musikunterricht

Die Hoffnungen auf die Musik im allgemeinen und den Musikunterricht im besonderen waren im Rahmen der Ausländerpädagogik groß. Der Musikunterricht als *„nicht sprachbetontes"* Fach sollte in einem gemeinsamen Unterricht von ausländischen und deutschen Kindern Hilfestellung in Sachen sozialer Integration und in Sachen Spracherwerb leisten (Friberg 1976, S. 187ff.) Über punktuelle Beiträge aus der schulischen Praxis hinaus ist das Fach bis in die Mitte der 70er Jahre kaum tätig geworden. Nimmt man Schulbuchinhalte als Indiz für ein Aufmerksamwerden auf Probleme, so kann man feststellen, daß Unterrichtswerke für die Primarstufe seit 1975 die Anwesenheit ausländischer Kinder in deutschen Klassen zum Thema machen. Als Beispiel sei „Unser Musikbuch für die Grundschule – Dudelsack" (Fuchs/Gundlach 1976, S. 42) angeführt. Die Sekundarstufe I zieht in den darauffolgenden Jahren nach – wie etwa das Unterrichtswerk „Banjo Musik 7-10" mit einem Kapitel „Musik für ausländische Mitbürger" (Banjo 1981, S. 152ff.) oder das dazugehörige „Banjo Liederbuch" mit einem Liedkapitel „Aus der Heimat ausländischer Arbeiter" (Geck/Merkt 1982, S. 120ff.). Hier sind Signale gesetzt für die allmähliche Überwindung der Vorstellung vom „Ohnehin-Beitrag", den die Musikdidaktik vielleicht auf dem Weg über das internationale Liedgut zu leisten glaubt. Aber: Folklore aus Südeuropa macht noch keinen Unterricht, der die neue Situation von Zusammenlernen und Zusammenleben deutscher und ausländischer Kinder bewältigen hilft.
Voraussetzung für die Entwicklung eines der interkulturellen Situation angemessenen Unterrichts ist zunächst einmal das Aufgeben der bewußten oder unbewußten eurozentristischen bzw. germanozentristischen Haltung, die von einer unbedingten Überlegenheit der hier herrschenden Kultur und Musikkultur ausgeht. Voraussetzung ist überdies ein Sich-Einlassen der Lehrenden des Faches Musik in Schule und Hochschule auf die Position des Lernenden, auf die Position dessen, der zugeben kann,

über manche Dinge recht wenig zu wissen. Voraussetzung ist weiterhin die ernsthafte und kritische Überprüfung der bisherigen Rezeption der Musik der Hauptsendeländer ausländischer Arbeitskräfte, der Musik Jugoslawiens, Spaniens, Griechenlands, Italiens, Portugals und der Türkei durch die deutsche Musikdidaktik.
Haben die ersten beiden Voraussetzungen viel mit persönlicher Haltung zu tun, so ist die Frage nach dem Umgang mit der Folklore und auch der Kunstmusik Südeuropas in stärkerem Maße eine Sachfrage. Es sollen und müssen die Kriterien herausgearbeitet werden, nach welchen bislang bestimmte Ausschnitte der „anderen“ Musikkulturen gezeigt wurden – und es muß festgestellt werden, ob und inwieweit diese Kriterien den neuen interkulturellen Ansprüchen genügen. Hauptaufgabe der deutschen Musikdidaktik wäre zunächst, das Bild vom Musikleben der verschiedenen Länder Südeuropas zu aktualisieren – *„Ma come bali bella bimba“* beispielsweise ist sicher nur mehr in sehr begrenztem Maße musikalischer Stellvertreter für Italien.
Kann man sich im Zusammenhang mit der Musikkultur der südeuropäischen Länder immerhin auf bereits rezipiertes Material stützen, so stellt die Musikkultur der Türkei die deutsche Musikdidaktik vor gänzlich neue Fragen. Türkische Musik war bislang überwiegend Gegenstand der Ethnomusikologie, war *„außereuropäische“*, war *„fremde“* Musik. Diese *„fremde“* Musik ist aber seit Jahren ein Teil der musikalischen Realität der Bundesrepublik – und sie ist Hunderttausenden von türkischen Kindern vertraute Musiksprache. Will die Musikdidaktik ernst machen mit ihrem Anspruch, Kinder von dem musikalischen Ort abzuholen, an dem sie stehen, muß sie sich ernsthaft mit der türkischen Musikkultur auseinandersetzen. In dieser Auseinandersetzung kann es nicht um Gemeinsamkeit um jeden Preis gehen – die künstliche Überbrückung von Gegensätzen ergibt pädagogisch keinen Sinn. Ziel der Beschäftigung mit türkischer Musik ist, die tatsächlichen Unterschiede zwischen der orientalischen und der mitteleuropäischen Tonsprache festzustellen und vorhandene Gemeinsamkeiten nicht zu übersehen.

III. Zur Musik der Türkei

Die türkische Musikkultur spiegelt die Ausdifferenzierung der Gesellschaft, spiegelt die nationale Volkskultur und den internationalen Einfluß wider. Es gibt klassische Kunstmusik und religiöse Musik, es gibt Volksmusik, die Schlagerindustrie und Türk-Rock, es gibt die Avantgarde und das europäische klassische Orchester, es gibt Militärmusik und – im Exil – das politische Lied. Im folgenden soll versucht werden, den spezifischen Einsatz der musikalischen Parameter in der türkischen Musik zu charakterisieren.
Die türkische Musik ist als Teil der Musikkultur des Orients im wesentlichen einstimmig, sie kennt allerdings den ausgiebigen Gebrauch von Borduntönen, oft Bordunquinten. Mit der Einstimmigkeit geht ein differenziertes Tonsystem einher, das kleinere Tonabstände als „unsere“ Halbtöne benutzt, die sogenannten Komma-Töne.
Die Abbildung der Bundeinteilung der Saz, des populärsten türkischen Saiteninstruments, gibt einen Einblick in den Tonvorrat (Yastıman 1981, S. 16).
Diese Bundeinteilung der Saz läßt sich mit „unserer“ Notenschrift nur begrenzt darstellen – auch wenn die Silben (von oben nach unten gelesen) si do re mi fa sol la si do re „unseren“ Noten h c d e f g a h c d entsprechen. Die Musikpädagogik der Türkei

Die Saz

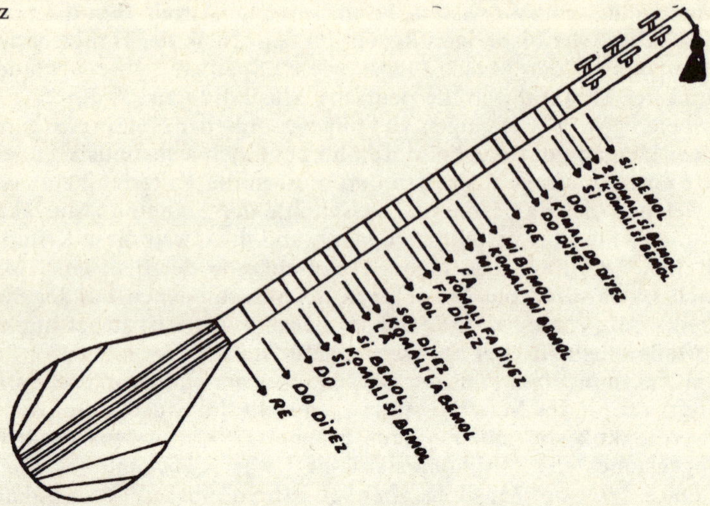

verwendet im übrigen bis heute die in den 30er Jahren durch deutsche Musikpädagogen eingeführte Solmisation (vgl. Merkt 1983, S. 124ff.). Die Bezeichnung „Bemol“ steht für das Vorzeichen „B“, die Bezeichnung „Diyez“ steht für das Vorzeichen „Kreuz“, „Komalı“ bedeutet „Kommaton“. Die Reihenfolge der Töne läßt sich also wie folgt bezeichnen (von oben nach unten): B – 2. Kommaton B – 1. Kommaton B – H – c – Kommaton cis – cis – d – es – Kommaton es – e – f – Kommaton fis – fis – g – gis – Kommaton as – a – b – Kommaton b – h – c’ – cis’ – d’.
Benutzt werden aus diesem Tonvorrat bis zu siebenstufige Leitern. Zahlreiche türkische Volkslieder benutzen jedoch nur einen Tonvorrat von vier oder fünf Tönen, der sich – auf das Problem des Zurechthörens sei hingewiesen – als Teil der aeolischen oder dorischen Tonleiter empfinden läßt.
Pädagogische Konsequenz aus dem möglichen Gebrauch von Kommatönen durch türkische Kinder: Wenn sie vorsingen, kann nicht sofort über die Fähigkeit zum tonreinen Singen befunden werden. Die türkischen Kinder könnten einen Tonvorrat benutzen, der dem unseren nicht entspricht. Nur die Wiederholung oder das gemeinsame Singen mehrerer Kinder läßt deutlich werden, wie ein Lied gedacht ist.
Im Bereich der Tondauern, im Bereich des Rhythmus, kennt die türkische Musik eine Besonderheit, die in der europäischen Musik nur aus improvisatorischen Zusammenhängen und aus dem Bereich der Avantgarde bekannt ist. Gemeint ist die rhythmisch freie, die rhythmisch ungebundene Musik. Im Türkischen heißt dieser Typus „uzun hava“ (Reinhard 1966), was soviel bedeutet wie „lange Melodie“ oder „lange Luft“. „Uzun hava“ ist eine Musizierweise, die sich nicht an rhythmisch-symmetrisch wiederholende Zeiteinheiten hält, eine Musizierweise, die die Töne so lange dauern läßt, wie sie dem individuellen Empfinden und den musikalischen Fertigkeiten des Ausführenden entsprechend zu dauern haben. „Uzun hava“ ist an den solistischen Vortrag gebunden.
Pädagogische Konsequenz aus dem Phänomen des „uzun hava“: Wenn ein türkisches Kind vorsingt und der Rhythmus nicht unmittelbar nachzuvollziehen ist, so kann noch nicht auf etwaige Unfähigkeiten geschlossen werden. Das Kind könnte ein Lied vom Typ des „uzun hava“ vortragen.
Nun kennt die türkische Musik aber neben der rhythmisch ungebundenen auch die rhythmisch gebundene Musik. Sie heißt „kırık hava“, was soviel bedeutet wie „zerbro-

chene Melodie". Diese rhythmisch gebundene Musik ist die Musik zum Tanz und zum gemeinsamen Singen. Türkische Taktarten und Rhythmen sind von großer Vielfalt. Es gibt die vertrauten 2/4-, 3/4- und 4/4-Takte. Eine große Anzahl von Liedern und Tänzen verwendet auch zusammengesetzte Taktarten, die als „akşak", als „hinkend" bezeichnet werden. Pädagogische Konsequenz: Um in die türkische Musik einzuführen, wählt man zweckmäßigerweise Beispiele aus dem Bereich des „kırık hava", aus dem Bereich, der die größte Nähe zu „deutschen" rhythmischen Mustern aufweist.
Die „periphere" Toneigenschaft Klangfarbe ist es, die – in Kombination mit den Kommatönen – die türkische Musik deutschen Ohren so wenig vertraut klingen läßt. Die türkische Vorstellung vom schönen Klang ist mit der europäischen nicht zu vergleichen. Dem nasalen, rauhen der türkischen Oboe, der Zurna, entspricht die oftmals gepreßte Stimmgebung der Sängerinnen und Sänger, auch der Kinder, wenngleich eine entspannte, natürliche Stimmgebung keineswegs unbekannt ist. Die Stimmgebung hängt auch vom Liedtyp ab: Ein „uzun hava" wird oftmals mit gepreßter Stimme vorgetragen, ein darauffolgender „kırık hava" mit entspannter Stimme.
Pädagogische Konsequenz: Es stellt sich die Frage, ob von deutscher Seite auf die Stimmgebung türkischer Kinder bewußt Einfluß genommen werden soll – zumal die Erfahrung zeigt, daß die türkischen Kinder beim Singen deutscher Lieder auf „deutsche" Stimmgebung umschwenken, vorausgesetzt, die Lieder liegen nicht zu hoch.
Bezieht sich die Kurzcharakterisierung türkischer Musik einerseits sowohl auf die Kunstmusik als auch auf die Volksmusik, so wird an den Bezugspunkten „uzun hava" und „kırık hava" deutlich, daß das Material für einen interkulturellen Musikunterricht im Bereich der türkischen Volksmusik gesucht wird. Diese Entscheidung hat verschiedene Gründe. Ein Großteil der türkischen Kinder kommt aus ländlicher oder kleinstädtischer Umgebung, die den Einsatz der Musik im konkreten alltäglichen oder festlichen Rahmen noch kennt, wenn auch die Medieninvasion in der Türkei in raschem Tempo voranschreitet und eine strukturelle Veränderung der musikalischen Gewohnheiten nach sich zieht. Dennoch liegt die türkische Volksmusik innerhalb des Erfahrungshorizonts der Kinder. Ein zweiter Grund für die Orientierung an türkischer Volksmusik liegt in bestimmten kurzen, melodisch und rhythmisch gut nachvollziehbaren Formen mit kleinen, sich vielfach wiederholenden Elementen. Hinzu kommt, daß türkische Volksmusikinstrumente, insbesondere Rhythmusinstrumente, gewisse Parallelen in einigen Instrumenten des Orffschen Schulwerks finden, so daß auch hier musikalische „Treffpunkte" ausgemacht werden können. An Beispielen für Instrumenten„paare" seien genannt:

- Kugelrassel/Kürbisrassel 'kabak'
- Fingerzymbel/Fingerzymbel 'parmak zili'
- Rahmentrommel/Rahmentrommel 'def'
- Holzklangstäbe/Löffel 'kasık' (Merkt 1983, S. 118ff.)

Aus dem Hinweis auf Musik*instrumente,* aus der Betonung der „Treffpunkte" wird ein weiterer Ansatz eines deutsch-türkischen interkulturellen Musikunterrichts deutlich – der Schwerpunkt des Musik*machens.* (ebd., S. 281ff.) Die Begründung für diesen Einstieg liegt in der Erfahrung, daß der Einstieg über das Hören von türkischer Musik die Toleranzschwelle deutscher Schüler in der Regel überschreitet – ein Phänomen, das musikpädagogisch orientierten Musikethnologen beispielsweise gut bekannt ist (Helms 1975, S. 275ff.). Musikmachen anhand eines Ausschnitts der türkischen Musikkultur, der dem europäischen, dem deutschen Ohr leicht zugänglich ist, heißt Musikmachen an einem Treffpunkt, von dem aus weitere, „fremdere" Wege beschritten werden können.

IV. Materialien für einen deutsch-türkischen interkulturellen Musikunterricht in der Sekundarstufe I

Wenn im folgenden konkret-inhaltliche Vorschläge für einen deutsch-türkischen interkulturellen Musikunterricht gemacht werden, so nicht im Sinne einer Unterrichtseinheit, die innerhalb eines begrenzten Zeitraumes „durchgenommen" wird. Das Prinzip des interkulturellen Unterrichts versteht sich als durchgängiges Prinzip: Immer dann, wenn sich ein Bezug, wenn sich Parallelen oder Gegensätze zwischen Kulturen anbieten, werden sie benannt, erarbeitet. Lautet das Thema *„Instrumentenkunde"*, so werden Parallelen zwischen deutschen und türkischen Instrumenten gezogen und nach Möglichkeit sinnlich erfahrbar gemacht – etwa durch einen Vergleich Gitarre-Saz oder Oboe-Zurna. Ist vom Liebeslied die Rede, so kann deutlich gemacht werden, wie unterschiedlich das Thema im türkischen und im deutschen Volkslied abgehandelt wird. Behandelt man verschiedene Tonleitern, so kann das Prinzip der Kommatöne mit dem diatonischen verglichen werden. Auf diese Weise werden die türkischen Kinder nicht nur *einmal* mit ihrer heimatlichen Musikkultur zum Thema gemacht – sie können immer wieder in verschiedenen Zusammenhängen Beiträge zum Musikunterricht leisten. So sind und werden sie als ständige Vertreter einer Musikkultur präsent – und nicht nur für die Dauer einer Unterrichtseinheit präsentiert.

1. Deutsche Lieder zum Thema

Interkulturelle Erziehung will deutlich machen, daß es gemeinsame Themen für deutsche und ausländische Kinder gibt, gemeinsame Interessen und ein gemeinsames Leben. Nicht alle Erkenntnisse, die zu dieser Haltung führen, können auf der kognitiven Ebene vermittelt werden. Das gemeinsame Singen und das sich gegenseitig Begleiten auf Instrumenten kann auf der kognitiven wie auf der affektiven Ebene dazu beitragen, ein interkulturelles Klima, ein gegenseitiges Sich-Ernstnehmen und Sich-Akzeptieren hervorzurufen. Singen kann deshalb in diesem Zusammenhang nicht das kommentarlose Absingen von Liedern sein, Singen muß Gesprächsanlaß werden.
Ein Lied, das mit musikalischem Spaß und inhaltlicher Ernsthaftigkeit die Kinder aus den Hauptsendeländern ausländischer Arbeitnehmer zu Wort kommen läßt, ist *„Paule Puhmanns Paddelboot"* von Fredrick Vahle (Vahle 1983, S. 14).

2. In Portugal, da winkte uns
die Anabela zu.
Die fragte: „Darf ich mit euch mit?"
„Na klar, was denkst denn du!"
Bom dia, Adeus!
Guten Tag, auf Wiedersehn! (2 ×)

3. In Spanien war es furchtbar heiß,
da stieg der Pedro zu.
Der brachte Apfelsinen mit,
die aßen wir im Nu.
Buenas dias, hasta la vista!
Guten Tag, auf Wiedersehn! (2 ×)

4. Und in Italien war'n wir auch,
da kam die Marinella.
Die brachte Tintenfische mit
auf einem großen Teller.
Buon giorno, Arrivederci!
Guten Tag, auf Wiedersehn! (2 ×)

5. Als wir in Jugoslawien war'n,
kam einer angeschwommen,
und der hieß Janko Jezovšek.
Wir ham ihn mitgenommen.
Dobar dan, dovi dschenja!
Guten Tag, auf Wiedersehn! (2 ×)

6. Und rund um den Olivenbaum,
da tanzten wir im Sand.
Wir nahmen den Wasili mit,
das war in Griechenland.
Kalimera, jassu, jassu!
Guten Tag, auf Wiedersehn! (2 ×)

7. Dann fuhr'n wir weiter über's Meer
bis hin in die Türkei.
Von da an war'n auch Ahmet und
die Ayşe mit dabei.
Merhaba, güle, güle!
Guten Tag, auf Wiedersehn! (2 ×)

8. Und als wir dann nach Hamburg kamen,
stand Paule Puhmann da
und rief: „Verflixt und zugenäht!
Mein Paddelboot ist da!"
Guten Tag, auf Wiedersehn!

Bom dia, Adeus!
Buenas dias, hasta la vista!
Buon giorno, Arrivederci!
Dobar dan, dovi dschenja!
Kalimera, jassu, jassu!
Merhaba, güle, güle . . .

Das Lied ist vor allem für die Klassen 5 und 6 der Sekundarstufe I geeignet. Die Strophen lassen sich mit verschiedenen Rhythmusinstrumenten begleiten, die für das jeweils genannte Land typisch sind. Zur „spanischen" Strophe klappern die Kastagnetten, zur „türkischen" Holzlöffel oder Holzklangstäbe . . . Auch ein Begrüßungsspiel ist im Zusammenhang mit „PPP" denkbar: Ein Kind sagt in einer der möglichen Sprachen „Guten Tag" und bestimmt ein anderes zur Antwort. Dieses gibt den Gruß wieder an ein anderes Kind weiter und so weiter . . .

2. Deutsche und türkische Lieder mit deutschem und türkischem Text

Man kann deutsche Lieder ins Türkische übersetzen und man kann türkische Lieder ins Deutsche übersetzen – türkische Kinder können und sollen deutsche Texte singen, deutsche Kinder können und sollen türkische Texte singen. Das größte Übersetzungsproblem ist die jeweilige Angleichung von Liedmelodie und Sprachmelodie, von Wortbetonung und Melodiebetonung. Im folgenden werden zwei deutsch-türkische Beispiele vorgestellt.
Der *„Friedenskanon"* ist in der Bundesrepublik entstanden, er wurde in das Türkische übersetzt. Das Singen von Kanons fällt türkischen Kindern zunächst schwer, diese Form ist der türkischen Musikkultur gänzlich unbekannt. Der türkische Text – mit dem sich die Kinder aufgrund der oftmals persönlich erlebten Ausländerfeindlichkeit in besonderem Maße identifizieren können – erleichtert jedoch den Umgang mit dieser Singform sehr.

Deutsch: Peter Maiwald
Friedenskanon
Türkisch: Ismail Kaplan
Mel.: trad.

Das Lied *„Ekmek buldum"* ist ein türkisches Volkslied, es findet sich in verschiedenen Liederbüchern, die in türkischen Schulen im Gebrauch sind. Es ist aufgrund der vielen Wortwiederholungen und der einfachen Melodie von deutschen Kindern leicht zu erlernen. Türkische Kinder könnten es kennen – man darf das freilich nicht voraussetzen. Der Text geht auf Alltagsthemen ein – Essen, Wärme, Geld, Tiere. Jede Strophe kann Anlaß zu einer kleinen Geschichte sein, die um den jeweiligen Hauptbegriff herum erzählt werden kann. Der Text eignet sich gut zum Weiterdichten (Merkt 1982).

Mel.: trad. (Türkei)
Ekmek buldum
Deutsch: Selim Durulan

Eine instrumentale Begleitung, die sich an der Charakteristik der türkischen Musikkultur orientiert, verzichtet auf die Unterlegung von Harmonien. Stattdessen werden Rhythmusinstrumente eingesetzt. Die erste Strophe etwa kann von Handtrommeln begleitet werden, die zweite von Fingerzymbeln, die dritte von Triangeln und die vierte von Holzklangstäben. Eine Gruppe von Kindern kann zu allen Strophen auf „türkische Weise" mit erhobenen Händen schnipsen.

3. Türkische und deutsche Lieder mit ähnlichen Themen

Nicht immer müssen Lieder „gemixt“ werden – die unterschiedliche Behandlung ähnlicher oder gleicher Themen kann und soll die Eigenständigkeit verschiedener Kulturen zeigen. Der Vergleich zweier Tanzlieder und die zugehörigen Tanzschritte machen deutlich, daß die Lust an der Bewegung verschiedene Ausdrucksformen findet.

Wenn hier en Pott mit Bohnen steiht (Fuchs/Gundlach 1980, S. 128)

2. Und wenn Marie nich danzen kann,
denn hett se scheewe Been,
denn treckt se lange Kleeder an,
denn is dat nich to sehn.

3. Marie, Marie, wat denkst du denn,
wat hest in dinen Sinn?
Du denkst wohl an den groten Pott
mit Brie und Bohnen drin.

Pott = Topf
Brie = Brei

scheewe Been = schiefe Beine
treckt Kleeder an = zieht Kleider an

Im Liederbuch „Schalmei“ wird folgender Tanz dazu vorgeschlagen:

„Die Kinder stehen in einer langen Gasse einander gegenüber. Sie stützen die Hände in die Seiten und treten breitbeinig gemächlich von einem Fuß auf den anderen. Während der zweiten Zeile gehen sie ebenso gemütlich auf ihren Partner gegenüber zu, gehen um ihn herum und sehen ihn sich genau an. Zum Schlußteil fassen sich beide an den Händen und tanzen rundherum“ (ebd.).

Gel bize katıl bize (Sun 1969, S. 11)

1. Gel bize katıl bize
Hem oyuna hem söze
Türkü söyleyip oy oy
Oynıyalım loy loy

2. El ele tutuşalım
Halkaya katışalım
Haydi gülüm sen de gel
Oynıyalım loy loy

3. Üç adımla sağa koş
Bir adımla sola koş
Bak ne güzel ne de hoş
Oynıyalım loy loy

1. Komm zu uns, reih' dich ein!
Komm zu uns, reih' dich ein.
Wir singen zu Spiel und Spaß, oy, oy.
Laßt uns tanzen, loy, loy.

2. Wir geben uns die Hände,
wir machen einen Kreis.
Komm, mein Schatz, du auch!
Laßt uns tanzen, loy, loy.

3. Drei Schritte nach rechts,
Einen Schritt nach links,
Schau, so schön und lustig
Tanzen wir, loy, loy.

Dieses türkische Tanzlied ist kein Volkslied im engeren Sinne, es ist ein Schullied. Geschrieben wurde es von dem türkischen Musikpädagogen Muammer Sun. Suns Absicht ist es, für den schulischen Bereich Lieder zu schaffen, deren melodischer Duktus dem der türkischen Volkslieder entspricht. Mit „Gel bize katıl bize" ist Sun dies gelungen. Beweis dafür ist u. a. die schnelle Rezeption des Liedes durch die türkische Musikpädagogik (Merkt 1983, S. 152).

Für die Instrumentierung gilt, was im Zusammenhang mit „Ekmek buldum" gesagt wurde. Eine Harmonisierung des Liedes entspricht nicht den türkischen Gepflogenheiten. Eine Bordunquinte, in diesem Fall die Quinte d'-a' und eine Begleitung mit Becken, Holzklangstäben und Handtrommel lassen aber Wesensmerkmale türkischer Musik lebendig werden, ohne die Hörerwartungen der deutschen Kinder unbedingt zu enttäuschen. Der folgende Begleitvorschlag ist als *Vorschlag* gemeint, er kann beliebig abgewandelt werden.

I. Merkt

Seinen inhaltlichen Sinn bekommt das Lied über den dazugehörigen Tanzschritt und den Vergleich mit dem deutschen Tanzlied. Zu „Gel bize katıl bize“ ist der Grundschritt des türkischen „Halay“ zu tanzen, eines Tanztyps, der in vielen Gegenden der Türkei verbreitet ist. Die Gruppe stellt sich dabei im Kreis auf, man hakt sich mit den eigenen kleinen Fingern bei denen der Nachbarn ein. Pro Viertel eines Taktes wird ein Schritt ausgeführt – alle Tänzerinnen und Tänzer führen dieselben Schritte aus.

Den rechten Fuß nach rechts stellen
Linken Fuß nachstellen
Rechten Fuß nach rechts stellen
Linken Fuß anheben und zur Kreismitte strecken
Linken Fuß neben den rechten Fuß stellen
Rechten Fuß anheben und zur Kreismitte strecken.

Nun beginnt die Schrittfolge von vorne.

4. Türkische Lieder
Zwei Kriterien bestimmen die Auswahl türkischer Lieder für einen interkulturellen Musikunterricht in der Bundesrepublik. Zum einen werden Lieder aufgegriffen, die in Melodie und Rhythmus möglichst nah an deutschen Hörerfahrungen liegen. Zum anderen werden Texte gewählt, die einen hohen Anteil an Wortwiederholungen haben oder die lautmalende oder „sinnlose“ Silben enthalten, die dem deutschen „la la la“ entsprechen. Solche Entsprechungen sind Wörter wie „aman“, was soviel wie „ach“ bedeutet, oder eine Silbe wie „ley“, die dem deutschen „la“ entspricht.

Tren gelir (Merkt 1982)

1. Tren gelir, hoş gelir, ley, ley, limi limi ley.
   Wagonları boş gelir, limi limi güzel gel bize.

2. Erciyasa kar yağar, ley, ley, limi limi ley.
   Hep altında güller var, limi limi güzel gel bize.

3. Duydum yar bize gelmiş, ley, ley, limi limi ley.
   Safa gelmiş, boş gelmiş, limi limi güzel gel bize.

Die sinngemäße Übersetzung des Textes lautet:

1. Der Zug kommt, er ist willkommen, ley ley, limi limi ley.
   Die Waggons sind leer. Wo bleibst du, meine Liebste! Komm zu uns!
2. Auf dem Erciyas liegt immer Schnee, ley, ley, limi limi ley.
   Doch unter dem Schnee sind immer auch Rosen. Komm zu uns, meine Liebste!
3. Ich habe gehört, daß meine Liebste doch noch kommen wird, ley ley, limi limi ley.
   Sie wird willkommen sein und gut empfangen werden. Komme, meine Liebste, komm zu uns!

Die instrumentale Begleitung des Liedes kann auf das inhaltliche Thema „Zug" zurückgreifen und die Fahrt des leeren Zuges darstellen – mit Hilfe von Lotusflöte, Handtrommel und Cabasa. Türkische Kinder singen das Lied ohne Probleme. Die deutschen Kinder können an den sich wiederholenden Textstellen mitsingen.
Das folgende Lied *„Yaylalar"* ist eines der temperamentvollen Tanzlieder aus der Region von Erzurum. Es wird hier mit türkischem Text vorgestellt, es gibt auch einen kurdischen. Das Wort „yaylalar" bedeutet „Hochebenen" und deutet auf den Ort der Handlung hin:

Ein verliebter Junge steht am Rande des Dorfes auf einer Hochebene und wartet auf seine Freundin, mit der er sich heimlich verabredet hat. Endlich kommt jemand den schmalen Weg herauf – aber es ist nur die Schwester der Geliebten . . . (Akalın 1981, S. 87).

YAYLALAR

2. Komşu kızın, zapt eyle (yaylalar, yaylalar) (2)
   Bizim oğlan aşıktır (diloy, diloy, yaylalar) (2)

3. Ay akşamdan aşda gel (yaylalar, yaylalar)
   Cılga yola düşte gel (diloy, diloy, yaylalar) (2)

4. Eğer anan goymazsa (yaylalar, yaylalar) (2)
   Vicdanan danışda gel (diloy, diloy, yaylalar)

5. Ayın önünde yıldız (yaylalar, yaylalar)
   Nerden gelirsen baldız (diloy, diloy, yaylalar) (2)

6. Sen git de ablan gelsin (yaylalar, yaylalar) (2)
   Duramirem yalınız (diloy, diloy, yaylalar)

Das Lied „Yaylalar" ist temperamentvoll und schnell zu singen, es kann mit Fingerschnipsen und Holzklangstäben begleitet werden, am besten mit Holzlöffeln, die in der Türkei zu diesem Lied geschlagen würden. Die türkischen Kinder können die türkischen Textteile singen, die deutschen das sich wiederholende „yaylalar" und „diloy, diloy, yaylalar". Dazu wird der „Halay" getanzt, wie er oben beschrieben wurde – und so entsteht eine deutsch-türkische Koproduktion in Sachen Musik.

V. Schallplattentips

1. Klassische türkische Musik

Turquie. Musique traditionelle. Pieces instrumentales. Paris 1983. ocora 558584 HM 52 Distribution harmonia mundi France

Seite A der Platte stellt charakteristische Musikinstrumente der klassischen türkischen Musik vor: ney (Flöte), ud (Laute), tanbur (Langhalslaute), kanun (Psalterium) und bendir (Trommel). Auf Seite B sind drei Kompositionen aus dem späten 17. Jh. und dem späten 19. Jh. für ein Ensemble zu hören, das die auf Seite A solistisch vorgestellten Instrumente vereinigt.

Der ruhige Ton dieser klassischen türkischen Musik macht den Bezug dieser „weltlichen" Musik zur religiösen Musik der meditativen Orden deutlich. – Informative Kommentare auf der Plattenhülle in französischer und englischer Sprache.

2. Religiöse türkische Musik

Turkish Music. Record I. Music of the Mevlevi. Unesco-Collection – A Musical Anthology of the Orient. Kassel u. a. Bärenreiter-Musicaphon BM 30 L 2019

Musik zum Zeremoniell des Mevlevi-Ordens, der unter der Bezeichnung „Die tanzenden Derwische" bekannt ist. Ausführliches und informatives Beiheft in englischer, französischer und deutscher Sprache.

3. Türkische Volksmusik

Turchia – Canti e musica traditionale. Turkey – Traditional songs and music. Ed. by Wolf Dietrich. Original Ethnic Music of the Peoples of the World. Albatros VPA 8412 Editoriale Sciascia s.a.s. Via G. Brodolini I-20089 Rozzano (Milano)

Wolf Dietrich reiste in den Jahren 1968 bis 1977 mehrmals durch die Türkei. Ein Ergebnis seiner musikalischen Feldforschung ist die vorliegende Platte. Sie gibt einen guten Einblick in traditionelle türkische Musik, in religiöse und klassische Musik sowie in die dörfliche Volksmusik. Seite A beginnt mit zwei Beispielen aus dem Bereich der religiösen Musik, mit dem Ruf des Muezzin vom Minarett und einem Lied zu Ehren des Gründers des Bektaaşî-Ordens. Sie stellt volkstümliche Versionen klassischer Stücke vor und endet mit der Musik des Mehter-Orchesters in Istanbul, eines Orchesters, das – zu rein touristischen Zwecken – die Musik der Janitscharen, der 1826 abgeschafften Elitetruppen der Osmanischen Herrscher, wieder aufleben lassen möchte. Die Seite B bietet charakteristische Musikbeispiele dörflicher Musikkultur, die in der Realität freilich immer mehr von den Medien verdrängt wird.
Die Platte ist ein repräsentativer Querschnitt traditioneller türkischer Musikkultur. Ein ausführliches Begleitheft in italienischer und englischer Sprache erhöht die Bedeutung dieser Veröffentlichung.

Turkish Folk Music. Lyrichord Stereo LLST 7289 Lyrichord Discs Inc. 141 Perry Street New York 10014

Dörfliche Volksmusik aus der Region um Sivas. Informativer Querschnitt, viele Beispiele aus dem Bereich der rhythmisch ungebundenen Musik, Beispiele funktionaler Musik. Eindrucksvoll die Frauenstimme beim Gesang zur Ernte, bei der Hochzeitsklage und beim Wiegenlied. Erläuterungen auf der Plattenhülle in englischer Sprache.

Türk Dansları ve Müzik Enstrumanları – Dances and Musical Instruments of Turkey. Request Records, Inc. RLP 10074 66 Mechanic Street, New Rochelle, New York.

Seite A stellt typische türkische Volksmusikinstrumente vor – tulum (Dudelsack), kemençe (Geige), mey (Oboe), kaval (Flöte), zurna (Oboe) und verschiedene Instrumente aus der Familie der Saz. Seite B bringt Tänze aus verschiedenen Regionen der Türkei. Erläuterungen auf der Plattenhülle in englischer Sprache.

4. Deutsche Schallplatten und Kassetten zum Thema „Ausländische Kinder in Deutschland"

Fredrik Vahle: Der Elefant. Lieder in unserer und in Eurer Sprache. Dortmund, pläne-Verlag 1981 pläne 88 267

Lieder im Folklore-Ton, die die Anwesenheit ausländischer Kinder in der Bundesrepublik und daraus resultierende Probleme thematisieren. Einige Lieder aus den Heimatländern ausländischer Kinder.

Lisa Wittmann: „Hallo mein Schatz". Kassette. München 1983, Kassettenprogramme für ausländische Mitbürger e.V. Oberanger 38/1, 8000 München 2. Best.-Nr. 29

16 Kinderlieder zum Mitsingen in deutscher und türkischer Sprache, größtenteils neu entstanden in der schulischen Praxis einer Klasse mit hohem Ausländeranteil. Texte von Morgenstern, Kästner und Nazım Hikmet. Musik größtenteils von Lisa Wittmann. Angenehm natürlich gesungen vom türkisch-deutschen Kinderchor „Kleiner Taubenschlag – Güvercin" aus Dortmund.

Irmgard Merkt: Deutsche türkische Kinder – türkische deutsche Lieder. Mainz 1982, Schott-Verlag wergo T 211

Zwei in Deutschland bekannte und 8 türkische Lieder in methodisch aufbereiteten Fassungen zum Mitmachen. Für Primarstufe und Sekundarstufe I. Der Versuch, einen Schnittpunkt deutscher und türkischer Musikkultur zu finden. Ausführliches Lehrerbegleitheft.

Dreimal Blasmusik
Materialien zu einer Unterrichtseinheit

Günter Kleinen

Als Einleitung ein Zitat:

„Offensichtlich scheuen sich Pädagogen heute, von Volksmusik und von volkstümlicher Musik, von Blasmusik, von Stubenmusik, von ‚Oberkrainer'-Gruppen zu sprechen. Die in der Arbeitsgemeinschaft der Volksmusikverbände, in den Chorverbänden vereinigten Organisationen mit ihrem Millionenpotential an singenden und musizierenden Menschen bleiben unbeachtet." (Wolfgang Suppan in einer Buchrezension, Musica 3/1984, S. 269)

Gewiß haben nicht alle Musikpädagogen Berührungsangst gegenüber der Volksmusik. Und diejenigen, die eine Scheu haben, können gute Gründe dafür anführen: historische Skrupel (z. B. Mißbrauch des Liedersingens und der Volksmusik im Kaiserreich und im Nationalsozialismus), Kritik an manchen allzu idyllischen Texten (stimmt das denn überhaupt „kein schöner Land"?), an der heilen Welt von Edelweiß und Alpenglühen, Nordseestrand und „hoch auf dem gelben Wagen", Kritik an der Vermarktung und Medienanpassung volkstümlicher Lieder (Stichworte: Heino, Fischer-Chöre, Oberkrainer und Egerländer).
Aber viele Musikpädagogen sehen durchaus die positiven Möglichkeiten der Volksmusik, die auch unter den heutigen Bedingungen verwirklicht werden können, wenn Kinder und Jugendliche zu aktivem Musizieren gelangen und sich auch über diese Musik ihre Gedanken machen.
Die von Suppan angesprochene Arbeitsgemeinschaft der Volksmusikverbände ist ein eingetragener Verein, der wohl nicht zufällig seinen Sitz in Trossingen hat (Hohner). Er verfolgt gemeinnützige Zwecke. In der Satzung ist verankert:

„Der Verein hat die Aufgabe, die Pflege der Volksmusik zu fördern, insbesondere in der Jugend. Die Arbeitsgemeinschaft der Volksmusikverbände nimmt damit nach außen die gemeinsame Vertretung der Volksmusik gegenüber Bund, Ländern und Gemeinden wahr und ermöglicht nach innen ein stärkeres Zusammenwirken der Volksmusikverbände. – Durch den Verein soll die Bedeutung der instrumentalen Volksmusik im Musikleben unseres Volkes bewußt gemacht werden. Eine organische Eingliederung in das allgemeine Musikleben und eine positive Zusammenarbeit mit den anderen Musikorganisationen, vor allem mit den Verbänden der Jugend- und Schulmusik, ist anzustreben." (§ 2, Absatz 1 und 2 der Satzung, 1956, in der Fassung von 1982)

Die Statistik weist für 1983 insgesamt 585 300 aktive Mitglieder aus, davon 296 117 Jugendliche in Jugendkapellen, Spielmannszügen und Jugendorchestern.
Bei einer Interpretation der Aufgaben und Ziele, die in der Satzung formuliert sind, lohnt es auch einmal nachzufragen, welche Gesichtspunkte dort *nicht* benannt worden sind: die Verflechtungen musikalischer Verbandsarbeit mit der Musikinstrumentenindustrie und den Musikverlagen, die Abgrenzung pädagogischer Arbeit von den wirtschaftlichen Interessen der Plattenindustrie, die Gefahren, die auf eine Anpassung und Einübung in Konsumgewohnheiten bestehen.
1983 wurde im 10. Jahr von der Illustrierten „Das neue Blatt" die Hermann-Löns-Medaille verliehen – „für Verdienste des Volksliedes und volkstümlicher Unterhaltung".

In der Jury wirkten Enzi Stolz, „Präsidentin der Internationalen Robert-Stolz-Gesellschaft", Schauspielerin Heidi Kabel, Quizmaster Hans Rosenthal, Komponist Charly Niessen, der Chefredakteur des „Neuen Blatts" und Erich Schulze, der Generaldirektor der GEMA. Die Hermann-Löns-Medaille gab es 1983 „in Bronze" für die Kirmesmusikanten und die Schaumburger Märchensänger, „in Silber" für Tony Marshall, Hansl Krönauer, Marianne & Michael, die Lustigen 3 Moosacher, Hans Döring, Georg Niedermeier und Rudi Schneider, „in Gold" für Willy Schneider, Heinz Schenk, Karel Gott und Heinz Hoppe, „in Platin" für Anneliese Rothenberger und Rudolf Schock. Die Preisträger wurden von der Illustrierten gemeinsam mit Radio Luxemburg in der Münchener Olympiahalle der Öffentlichkeit präsentiert.
GEMA als Interessenvertreter musikalischer Urheber und der Musikverleger sowie ein weit ausstrahlendes, kommerzielles Medium zeigen, was mit der Volksmusik geschieht, wenn sie aus den unmittelbaren Lebenszusammenhängen genommen wird und Warencharakter erhält. Von den vielfältigen Funktionen der Volksmusik bleibt dann lediglich ihr Unterhaltungswert im Rahmen des Medienkonsums übrig.
Der Gemeinschaftskatalog, in dem sämtliche auf dem Markt erhältlichen Schallplatten und Cassetten aufgeführt sind, etikettiert denn auch richtig mit „Die Volksmusik-Super-Hitparade", „Volkstümliche Starparade", das „Volkstümliche Wunschkonzert" usw. Die dort genannten Musiktitel und Interpreten lassen erkennen, in welcher Weise hier regional, ethnisch und sozial ursprünglich gebundene Folklore zur Unterhaltungsfolklore verkommt und zum Massenkonsum feilgeboten wird. Folgendes bieten beispielsweise vier Plattenfirmen u. a. an (Stand: Frühjahr 1984):

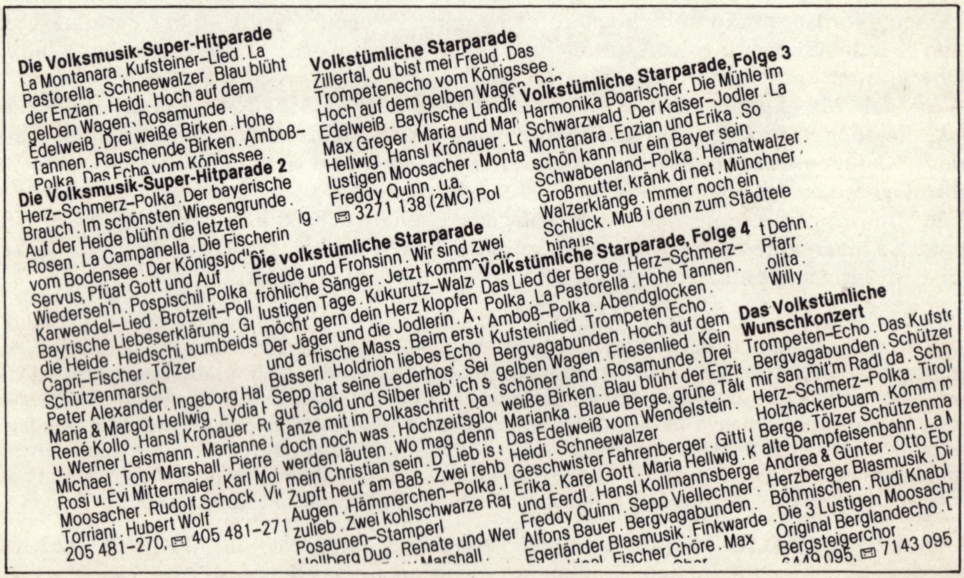
Die Volksmusik-Super-Hitparade
La Montanara . Kufsteiner-Lied . La Pastorella . Schneewalzer . Blau blüht der Enzian . Heidi . Hoch auf dem gelben Wagen . Rosamunde . Edelweiß . Drei weiße Birken . Hohe Tannen . Rauschende Birken . Amboß-Polka . Das Echo vom Königssee .

Die Volksmusik-Super-Hitparade 2
Herz-Schmerz-Polka . Der bayerische Brauch . Im schönsten Wiesengrunde . Auf der Heide blüh'n die letzten Rosen . La Campanella . Die Fischerin vom Bodensee . Der Königsjod[...] Servus, Pfüat Gott und Auf Wiederseh'n . Pospischil Polka Karwendel-Lied . Brotzeit-Pol[...] Bayrische Liebeserklärung . G[...] die Heide . Heidschi, bumbeids Capri-Fischer . Tölzer Schützenmarsch
Peter Alexander . Ingeborg Hal[...] Maria & Margot Hellwig . Lydia [...] René Kollo . Hansl Krönauer . R[...] u. Werner Leismann . Marianne [...] Michael . Tony Marshall . Pierre Rosi u. Evi Mittermaier . Karl Mo[...] Moosacher . Rudolf Schock . Vi[...] Torriani . Hubert Wolf
205 481-270, ✉ 405 481-271 ig.

Volkstümliche Starparade
Zillertal, du bist mei Freud . Das Trompetenecho vom Königssee . Hoch auf dem gelben Wage[...] Edelweiß . Bayrische Ländl[...] Max Greger . Maria und Mar[...] Hellwig . Hansl Krönauer . L[...] lustigen Moosacher . Monta[...] Freddy Quinn . u.a.
✉ 3271 138 (2MC) Pol

Die volkstümliche Starparade
Freude und Frohsinn . Wir sind zwei fröhliche Sänger . Jetzt komm[...] lustigen Tage . Kukurutz-Walz[...] möcht' gern dein Herz klopfen Der Jäger und die Jodlerin . A[...] und a frische Mass . Beim erst[...] Busserl . Holdrioh liebes Echo Sepp hat seine Lederhos' . Sei gut . Gold und Silber lieb' ich s[...] Tanze mit im Polkaschritt . Da[...] doch noch was . Hochzeitsglo[...] werden läuten . Wo mag denn mein Christian sein . D' Lieb is [...] Zupft heut' am Baß . Zwei rehb[...] Augen . Hämmerchen-Polka . [...] zulieb . Zwei kohlschwarze Ra[...] Posaunen-Stamperl
[...] Duo . Renate und We[...] Marshall .

Volkstümliche Starparade, Folge 3
Harmonika Boarischer . Die Mühle im Schwarzwald . Der Kaiser-Jodler . La Montanara . Enzian und Erika . So schön kann nur ein Bayer sein . Schwabenland-Polka . Heimatwalzer . Großmutter, kränk di net . Münchner Walzerklänge . Immer noch ein Schluck . Muß i denn zum Städtele hinaus
[...]t Dehn . Pfarr . [...]olita . Willy

Volkstümliche Starparade, Folge 4
Das Lied der Berge . Herz-Schmerz-Polka . La Pastorella . Hohe Tannen . Amboß-Polka . Abendglocken . Kufsteinlied . Trompeten Echo . Bergvagabunden . Hoch auf dem gelben Wagen . Friesenlied . Kein schöner Land . Rosamunde . Drei weiße Birken . Blau blüht der Enzi[...] Marianka . Blaue Berge, grüne Täl[...] Das Edelweiß vom Wendelstein . Heidi . Schneewalzer
Geschwister Fahrenberger . Gitti [...] Erika . Karel Gott . Maria Hellwig . K[...] und Ferdl . Hansl Kollmannsberge[...] Freddy Quinn . Sepp Viellechner . Alfons Bauer . Bergvagabunden . Egerländer Blasmusik . Finkwarde[...] Fischer Chöre . Max

Das Volkstümliche Wunschkonzert
Trompeten-Echo . Das Kufst[...] . Bergvagabunden . Schütze[...] mir san mit'm Radl da . Schn[...] Herz-Schmerz-Polka . Tirol[...] Holzhackerbuam . Komm m[...] Berge . Tölzer Schützenma[...] alte Dampfeisenbahn . La [...] Andrea & Günter . Otto Eb[...] Herzberger Blasmusik . Di[...] Böhmischen . Rudi Knabl . Die 3 Lustigen Moosach[...] Original Berglandecho . [...] Bergsteigerchor
6449 095, ✉ 7143 095

In diesen knappen Ankündigungen fehlen weder Heino, die Oberkrainer, Egerländer usw. noch Schneewalzer, Bergvagabunden, hohe Tannen usw. als populärste Interpreten bzw. Musiktitel.
Dieser „Mainstream"-Volksmusik mit hohen Verkaufsziffern und entsprechenden Einschaltquoten bei den Sendungen in Hörfunk und Fernsehen steht ein inhaltlich differenzierteres Angebot an internationaler Folklore (in musikethnologischen Serien, Ankündigung im Bielefelder Katalog: „Folklore-Platten ohne deutsche populäre Volksmusik") gegenüber, und auch für jugendliche Zielgruppen ist Deutsch-Folk verschie-

dener Richtungen im Angebot. Manches „aufklärerische" Buch an die Adresse jugendlicher Leser liest sich daher, wie ich meine unvermeidbar, als kommentierte Diskographie (so auch Paulin 1980, Siniveer 1981, Steinbiß 1984). Das zeigt eigentlich symptomatisch, wie stark die Musikmedien in unser Leben integriert sind und daß die Musikszene ohne sie nicht mehr denkbar ist. Inzwischen sind Schallplatten die entscheidende Informationsbasis für jede Richtung der Musik geworden. Ohne sie ist auch pädagogisches Arbeiten unmöglich.

Nach einer radikalen Alternative sucht derzeit eine dritte Richtung der Volksmusik: politische Blasmusik. Die vielerorts entstandenen Gruppen unter Namen wie Tuten und Blasen, Dicke oder heiße Luft, Trotzblech, Rote Note, Lauter Blech, Hysterische Saxophone usw. treffen sich alljährlich in den Pflingsttagen zu einem Erfahrungsaustausch. 1984 stand das Treffen unter dem provokanten Titel „Original Ekelerregerländer" (siehe *Abbildung* des Plakats S. 105). Der Titel benennt die Unterhaltungsfolklore als Gegenstück politischer Blasmusik. Diese Gruppen haben Stücke von Eisler und Weill in ihrem Repertoire und pflegen Traditionen des Arbeitsliedes und des Liedguts der Widerstandbewegungen. Die „Internationale" wird wohl von allen Gruppen gespielt. (Zur Geschichte und Gegenwart dieses Lieds vgl. u. a. Moßmann/Schleuning 1978, S. 247, 253, 282 ff.)

Aber wichtiger als das Repertoire, das ständig auch kreativ erweitert und in der Gruppe fortentwickelt wird, sind die Zusammenhänge, in denen die Blasmusik eingesetzt wird. Und das sind vor allem politische Demonstrationen und Öffentlichkeitsaktionen mit politisch-aufklärerischem Akzent. Erst in jüngerer Zeit werden, auf neue Art, auch Konzerte angeboten.

Zur Illustration hier ein Auszug aus einer Selbstdarstellung in der Hamburger Szene-Zeitschrift „Linkskurve" (1/84, „Tuten und Blasen, oder: Was ist politische Blasmusik", von Ernst Bechert, Axel Hennies und Hans Jünger, S. 55):

Umzüge

„An den Füßen sollst du den Musiker erkennen." (Mathias Glück, Hamburger Morgenpost, 24. 10. 83)

Alstervergnügen: „Danse macabre"

Vier Tage lang hatte das „Alstervergnügen" Tausende von Menschen in die Hamburger Innenstadt gelockt, waren Dutzende von Musik- und Theatergruppen aufgetreten, hatten die Weinbuden und Bratwurststände gute Geschäfte gemacht. Jetzt, am letzten Abend, läßt der Strom der Passanten allmählich nach.

Da ertönt eine seltsame, getragene Musik, wie ein aus den Fugen geratener Trauermarsch. Eine gespenstische Prozession bahnt sich ihren Weg durch die Menschenmenge, die erstaunt zurückweicht. Vorne flatternde schwarze Tücher, von vier Schwarzgekleideten an langen Stangen in die Höhe gehalten, dahinter 30 Bläser und fünf Perkussionisten, alle mit schwarzen, hohen Hüten und wehenden breitschultrigen Umhängen, flankiert von Fackelträgern. Starr und konzentriert bewegen sie sich im Rhythmus ihrer Musik, schwanken langsam hin und her oder trippeln plötzlich hektisch zu mechanisch-bizarren Phrasen.

Hinter den Musikern kommen wie Drachen oder riesige Insekten verkleidete Stelzenläufer, die einen Wagen mit großen bebilderten Lampions ziehen, gelenkt von einem Chinesen, der die hin und her Taumelnden mit lauten Kommandos antreibt.

Immer wieder spielen die Bläser ihre unheimliche Musik, bis der Zug schließlich auf einer Terrasse über der Kleinen Alster angelangt ist. Über Lautsprecher wird jetzt eine Rede gehalten, die aus Zitaten von Generälen, Politikern und Waffenerfindern montiert ist und sich in einem mechanisch wiederholten, verzerrt klingenden Satz festfrißt: „Was wir brauchen, ist eine vorwärtsgerichtete Vorneverteidigung." Einzelne aus dem Publikum beginnen zu protestieren, ein Stein trifft ein Schaufenster. Da bringt ein kurzes heftiges Musikstück mit wilden Saxophonimprovisationen die Rede zum Verstummen.

Unterrichtshinweise

1. Die Arbeit der Arbeitsgemeinschaft der Volksmusikverbände, die kommerzielle Nutzung und der politsche Einsatz der Blasmusik sind in Gemeinsamkeiten und Widersprüchen zu diskutieren.
2. Welche Schüler sind an Posaunenchören, Spielmannszügen, Volksmusikgruppen etc. aktiv beteiligt? Was können sie berichten über die Musik, die sie spielen? Was ist so attraktiv an der Mitwirkung? Welche Funktion hat die Musik bei den verschiedenen Auftritten? (Volksfeste, Kirche, Jubiläen, Feiertage usw.)
3. Das Angebot der Unterhaltungsindustrie sichten. Welche Lieder können die Schüler selbst? Was läßt sich über den Zeitpunkt der Entstehung, die Urheber (Textdichter, Komponist, Sänger), über die ursprüngliche Aussage der Lieder in Erfahrung bringen? Von welchen Interpreten/Gruppen haben die Schüler zuhause Aufnahmen (Platten, Cassetten, Videos)? Worin liegen die Unterschiede dieser Folklore von Schlagern und Pop-/Rockmusik?
4. Zur politischen Blasmusik: Worin unterscheiden sich Musikcorps der Bundeswehr a) von den Musikgruppen, in denen die Schüler mitwirken können, und b) von der zitierten politischen Blasmusik?
5. Welche Aktionen im Sinne der politischen Blasmusik (für Schülerinteressen) sind denkbar, realisierbar? In welcher Weise könnten sie verwirklicht werden?

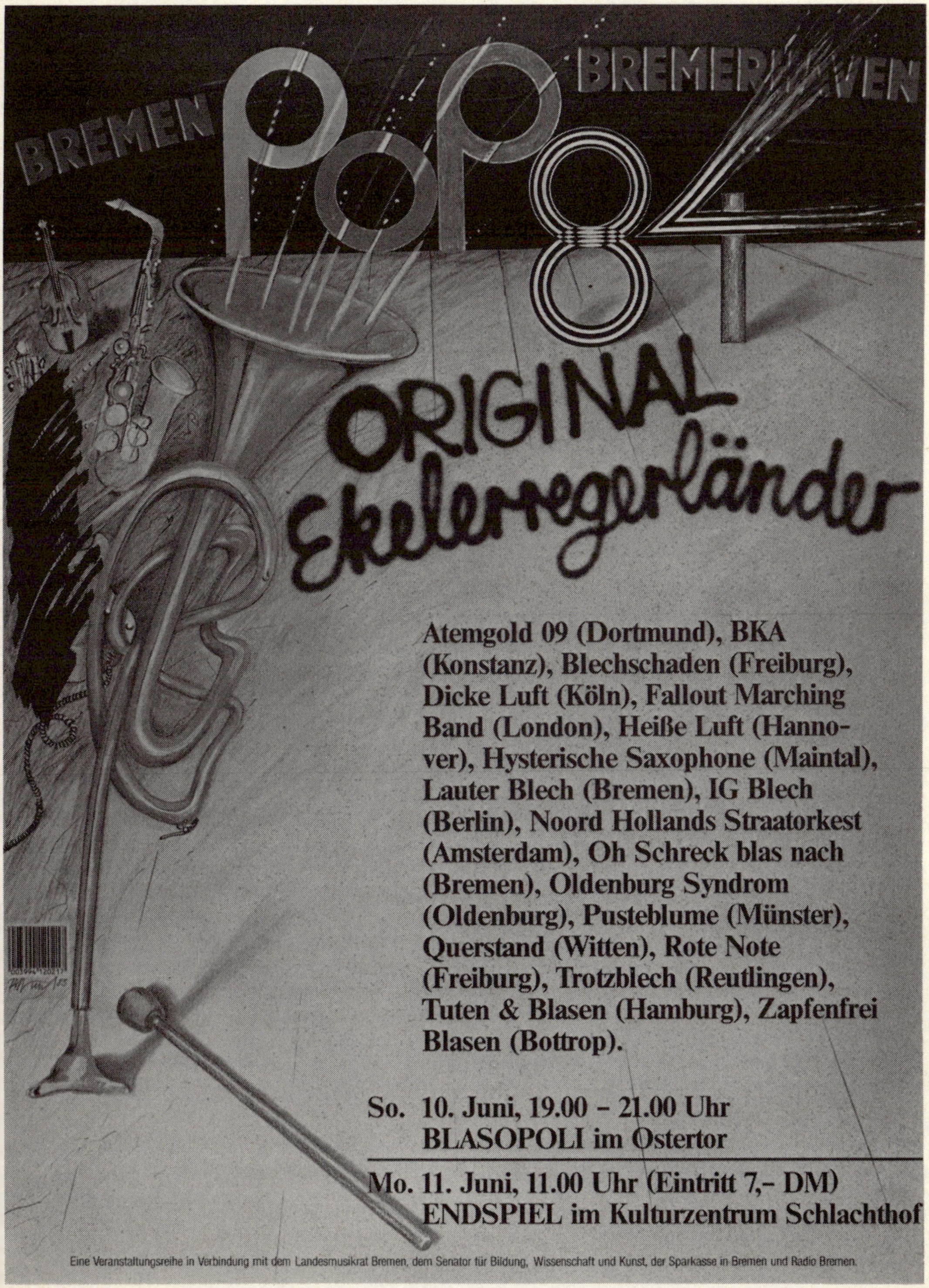
BREMEN
Pop 84
BREMERHAVEN
ORIGINAL
Ekelerregerländer
Atemgold 09 (Dortmund), BKA (Konstanz), Blechschaden (Freiburg), Dicke Luft (Köln), Fallout Marching Band (London), Heiße Luft (Hannover), Hysterische Saxophone (Maintal), Lauter Blech (Bremen), IG Blech (Berlin), Noord Hollands Straatorkest (Amsterdam), Oh Schreck blas nach (Bremen), Oldenburg Syndrom (Oldenburg), Pusteblume (Münster), Querstand (Witten), Rote Note (Freiburg), Trotzblech (Reutlingen), Tuten & Blasen (Hamburg), Zapfenfrei Blasen (Bottrop).
So. 10. Juni, 19.00 – 21.00 Uhr
BLASOPOLI im Ostertor
Mo. 11. Juni, 11.00 Uhr (Eintritt 7,– DM)
ENDSPIEL im Kulturzentrum Schlachthof
Eine Veranstaltungsreihe in Verbindung mit dem Landesmusikrat Bremen, dem Senator für Bildung, Wissenschaft und Kunst, der Sparkasse in Bremen und Radio Bremen.

Literatur

Akalın, Müslim (Hrsg.): Müzik Dağarcığı, Istanbul 1981

Ames, R. A.: The Story of American Folk Song, New York 1960

Baez, J.: Daybreak, New York 1968, deutsch: Tagesanbruch, Frankfurt 1978

Banjo. Musik 7–10, erweiterte Ausgabe für Realschulen und Gymnasien, Stuttgart 1981

Baumann, Max Peter: Musikfolklore und Musikfolklorismus. Eine ethnomusikologische Untersuchung zum Funktionswandel des Jodels, Winterthur 1976

Bausinger, Hermann: Grundzüge der Volkskunde, Darmstadt 1978

Blaschke, Jochen (Hrsg.): Handbuch der europäischen Regionalbewegungen, Frankfurt 1980

Bursch, P.: Das Folk-Buch, Bonn 1979

Cantare. Songs aus Lateinamerika, hrsg. von Carlos Rincon und Gerda Schattenberg-Rincon, Berlin 1978, 1980

Chase, G.: America's Music, New York 1955, 1966

Child, F. J.: The English and Scottish Popular Ballads, 5 Bd., London 1882–1898, Reprint New York 1970

Deutsche Volkslieder mit ihren Melodien, hrsg. vom Deutschen Volksliedarchiv, Band I: Balladen, hrsg. von John Meier, Berlin und Leipzig 1935

Deutsche Volkslieder mit ihren Original-Weisen, hrsg. von Anton Wilhelm von Zuccalmaglio, Berlin 1840

Deutscher Liederhort, hrsg. von Ludwig Erk und Franz Magnus Böhme, Leipzig 1893–94, Nachdruck Hildesheim 1963

Dubbert, R.: Deutlicher Rückgang der Zahl ausländischer Schüler. Zur Situation ausländischer Schüler und Lehrer im Schuljahr 1983/84, in: Neue deutsche Schule 36, 1984, S. 13ff.

Dunson, J., Raim, E. (Hrsg.): Anthology of American Folk Music, New York 1973

Dylan, B.: Song Book, London o.J.

Ethnic Groups and Boundaries. The Social Organization of Culture Difference, hrsg. von Frederik Barth, Bergen/Oslo 1969

Ethnic Identity. Cultural Continuities and Change, hrsg. von George de Vos und Lola Romanucci-Ross, Palo Alto 1975

Feagin, Joe R.: Racial and ethnic relations, Englewood Cliffs 1978

Fischer Weltalmanach '82. Zahlen, Daten, Fakten, Hintergründe, hrsg. von Gustav Fochler-Hauke, Frankfurt 1981

Fohrbeck, Karla und Andreas Joh. Wiesand: Musik – Statistik – Kulturpolitik. Daten und Argumente zum Musikleben in der Bundesrepublik Deutschland, Köln 1982

Friberg, D.: Gemeinsamer Unterricht, in: Manfred Hohmann (Hrsg.): Unterricht mit ausländischen Kindern, Düsseldorf 1976

Fuchs, Peter und Willi Gundlach: Unser Musikbuch für die Grundschule – Dudelsack, Stuttgart 1976

Fuchs, Peter und Willi Gundlach: Unser Liederbuch für die Grundschule – Schalmei, Stuttgart 1980

Fuchs, W.: Die Geschichte der Country Music, Bergisch-Gladbach 1980

Funk & Wagnalls Standard Dictionary of Folklore. Mythology and Legend, hrsg. von Maria Leach, New York 1972

Funke, L.: Daten und Fakten zur Ausländerpolitik, Bonn 1982

Geck, Martin und Irmgard Merkt: Banjo Liederbuch, Stuttgart 1982

Gerdes, Dirk (Hrsg.): Aufstand der Provinz. Regionalismus in Westeuropa, Frankfurt 1980

Glagla, Helmut: Das plattdeutsche Liederbuch. 123 niederdeutsche Volkslieder von der Frührenaissance bis ins 20. Jahrhundert, München 1982

Graf, Ch., U. Wohlmacher: Rockmusiklexikon, Hamburg 1982

Guthrie, W.: Folk Songs von A bis Y, 193 Lieder mit Noten, übersetzt von Harry Rowohlt, Frankfurt 1977

Handbuch der europäischen Volksgruppen, hrsg. von M. Straka, Wien und Stuttgart 1970

Handbuch des Volksliedes, hrsg. von Rolf Wilhelm Brednich, Lutz Röhrich, Wolfgang Suppan, Band I: Die Gattungen des Volksliedes, Band II: Historisches und Systematisches – Interethnische Beziehungen – Musikethnologie, München 1973/1975

Helms, Siegmund: Die Berücksichtigung außereuropäischer Musik in der Musikpädagogik, in: Baessler-Archiv, Neue Folge Band 23, 1975, S. 275 ff.

Hetmann, F.: Bob Dylan, Reinbek 1976

Hetmann, Frederik: Irische Lieder und Balladen. Texte und Noten, Frankfurt 1979

Hohmann, Manfred: Interkulturelle Erziehung – Versuch einer Bestandsaufnahme, in: Ausländerkinder in Schule und Kindergarten 4, 1983, Heft 4, Braunschweig 1983, S. 4 ff.

Maud Karpeles (Hrsg.): Folk Songs of Europe, New York 1964

Klusen, Ernst (Hrsg.): Deutsche Lieder, Frankfurt 1980

Kühn, H.: Stand und Weiterentwicklung der Integration der ausländischen Arbeitnehmer und ihrer Familien in der Bundesrepublik Deutschland. Memorandum vom Sept. 1979, Bonn 1979

Kuhnke, K. u. a.: Geschichte der Popmusik 1, Lilienthal 1976

Leisy, J. F. (Hrsg.): The Folk Song ABECEDARY, Belmont o. J.

Liederbuch, hrsg. von Student für Europa (Martin Ketels), Bad Soden 6/1978

Liedermagazin, hrsg. von Werner Breckoff, Günter Kleinen, Heinz Lemmermann und Helmut Segler, Kassel 1975, 5/1980

Linde, C.: Folksongs aus Amerika, Frankfurt 1982

Lomax, J. A., A. Lomax: The Leadbelly Legend, New York 1959

Lomax, A. (Hrsg.): The Penguin Book of American Folk Songs, Hammondsworth 1964

Lomax, A.: The Folk Songs of North America in the English Language, New York 1975

Merkt, Irmgard: Deutsche – türkische Kinder, türkische – deutsche Lieder. Schallplatte mit Beiheft, Mainz 1982

Merkt, Irmgard: Deutsch-türkische Musikpädagogik in der Bundesrepublik. Ein Situationsbericht, Berlin 1983

Miles/Pearce Marchbank (Hrsg.): Bob Dylan – In his own words, 1978; deutsch: Bob Dylan – wie er sich selbst sieht, aus dem Englischen von Rainer Moers, Bergisch-Gladbach 1981

Moßmann, Walter und Peter Schleuning: Alte und neue politische Lieder. Entstehung und Gebrauch, Texte und Noten, Reinbek 1978

Paulin, D.: Das Folk-Music-Lexikon, Frankfurt 1980

Race and Ethnicity in Modern America, hrsg. von Richard H. Meister, Lexington, Mass. 1974

Richtlinien für den Unterricht der Kinder ausländischer Arbeitnehmer und für Vorbereitungsklassen in Nordrhein-Westfalen, Köln 1977

Röhrich, Lutz und Brednich, Rolf Wilhelm (Hrsg.): Deutsche Volkslieder. Texte und Melodien, Band I: Erzählende Lieder. Balladen, Schwänke, Legenden, Düsseldorf 1965; Band II: Lieder aus dem Volksleben. Brauch, Arbeit, Liebe, Geselligkeit, Düsseldorf 1967

Rothschild, Thomas: Liedermacher, Frankfurt 1980

Roxon, L.: Rock Encyclopedia, New York 1969, 1971

Scaduto, A.: Bob Dylan, Frankfurt 1976

Schmidt, M. R.: Bob Dylan und die sechziger Jahre, Frankfurt 1983

Schreiner, Claus: Musica Latina. Musikfolklore zwischen Kuba und Feuerland, Frankfurt 1982

Seeger, P. (Hrsg.): American Favorite Ballads, New York 1961

Seeger, P.: How to play the 5-String-Banjo, New York 1965

Segler, Helmut und Abraham, Lars Ulrich: Musik als Schulfach, Braunschweig 1966

Sharp, C. J.: Englisch Folk-Songs from the Southern Appalachians, 2 Bd., London 1932

Siniveer, Kaarel: Folk Lexikon, Reinbek 1981

Steinbiß, Florian: Deutsch-Folk. Auf der Suche nach der verlorenen Tradition. Die Wiederkehr des Volksliedes, Frankfurt 1984

Steinitz, Wolfgang: Deutsche Volkslieder demokratischen Charakters aus sechs Jahrhunderten, Band I, 1955; Band II, 1962; als „Der große Steinitz“ in einem Band, Frankfurt 1979

Stephens, Meic: Minderheiten in Westeuropa, Husum 1979
Stern, Annemarie (Hrsg.): Lieder gegen den Tritt. Politische Lieder aus fünf Jahrhunderten, Oberhausen 1972
Sun, Muammer: Çocuklar ve Gençler için Sarkı Demeti, Ankara 1969
Tibbe, Monika und Bonson, Manfred: Folk – Folklore – Volkslied. Zur Situation in- und ausländischer Volksmusik in der Bundesrepublik Deutschland, Stuttgart 1981
Vahle, Fredrik: Das Buch mit dem Friedensmaler, Dortmund 1983
Yastıman, S.: Sazdan Bilgiler, Istanbul 1981